合理的配慮をつなぐ
個別移行支援カルテ

坂本 裕 編著

明治図書

編著者序

　平成19年4月に特殊教育から特別支援教育へと制度転換がなされて10年が経過しました。この制度転換にて，特殊教育の対応原理である"個への対応"が，『特殊教育の対象の障害だけではなく，知的な遅れのない発達障害も含めて，特別な支援を必要とする幼児児童生徒が在籍する全ての学校において実施』されることとなりました。そして，この実施の鍵を握るもののひとつとして個別の教育支援計画の作成と，学校間移行時の引継ぎが挙げられました。

　しかし，平成25年6月に示された，平成29年度までの教育振興にかかわる第2期教育振興基本計画では『幼・小・中・高等学校における障害のある幼児児童生徒に対する個別の指導計画及び個別の教育支援計画の作成率の増加』のみが特別支援教育の成果指標とされました。

　こうした中，平成28年5月，教育再生実行会議の第九次提言において，『国は，乳幼児期から高等学校段階までの各学校等で個別の支援情報に関する資料（個別カルテ（仮称））を作成し，進級，進学，就労の際に，記載された情報の取扱いについて十分配慮した上で，その内容が適切に引き継がれる仕組みを整える』との現状改善の方向性が強く示されました。

　加えて，平成29年1月，総務省が文部科学省，厚生労働省に対して『発達障害者支援に関する行政評価・監視結果に基づく勧告』を発しました。この勧告では，『学校等において，支援計画等の作成対象児童生徒を一律の基準で限定し，支援が必要な者に対して計画が作成されていないおそれ』，『進学先への情報の引継ぎの重要性の認識不足，不確実な引継ぎ』があるとされ，『支援計画等の作成対象とすべき児童生徒の考え方の提示』と『情報の引継ぎの重要性とともに，支援計画を始め，必要な支援内容等が文書により適切に引き継がれるよう具体例を挙げて周知』を行うことが勧告されました。

　こうした状況を鑑み，この度，『特別な支援を必要とする幼児児童生徒が在籍する全ての学校』で活用できる"個別移行支援カルテ"を中核とする本書を緊急上梓しました。本書の構成は理論編と実践編からなり，理論編では，今後，『特別な支援を必要とする幼児児童生徒』の教育支援を考える上で不可欠となる『合理的配慮』についての解説を行いました。また，各移行段階において"引き継がれる情報"が移行先の先生方が必要とする情報となるように，移行先の先生を対象とした調査研究の結果を精緻に示しました。そして，実践編として，調査研究の成果に基づいて作成した"個別移行支援カルテ"を手引きも合わせて，移行期ごとに示しました。

　本書がこれから全ての学校に求められる『合理的配慮』を必要とする幼児児童生徒の移行支援の一助になることを強く願っています。

　平成29年雪消月

坂本　裕

contents

編著者序 …………………………………………………………………… 3

I 合理的配慮の基礎知識 …………………………………… 7

1. 合理的配慮にかかわる法律・方針 ……………………………… 8
2. 合理的配慮の基本的捉え ………………………………………… 12
3. 小・中・高等学校，特別支援学校における留意点への具体的対応 …… 19

II 幼稚園・保育所等から小学校への移行支援 …………… 25

1. 幼稚園・保育所等から小学校への移行支援の基本的考え方 …… 26
2. 教育支援の基本的手順 …………………………………………… 29
3. 小学校教員が幼稚園等教員から受け取りたい教育支援情報 …… 33
4. 個別移行支援カルテ【小学校就学版】の実際 ………………… 40

III 小学校から中学校への移行支援 ………………………… 47

1. 小学校から中学校への移行支援の基本的考え方 ……………… 48
2. 中学校教員が小学校教員から受け取りたい教育支援情報 …… 51
3. 個別移行支援カルテ【中学校進学版】の実際 ………………… 57

Ⅳ 中学校から高等学校への移行支援 …… 65

1. 中学校から高等学校への移行支援の基本的考え方 …… 66
2. 高等学校入学者選抜における合理的配慮 …… 70
3. 高等学校教員が中学校教員から受け取りたい教育支援情報 …… 74
4. 個別移行支援カルテ【高等学校進学版】の実際 …… 80

Ⅴ 幼稚園・保育所等から特別支援学校への移行支援 …… 87

1. 幼稚園・保育所等から特別支援学校への移行支援の基本的考え方 …… 88
2. 特別支援学校教員が幼稚園等教員から受け取りたい教育支援情報 …… 91
3. 個別移行支援カルテ【特別支援学校就学版】の実際 …… 97

contents

Ⅵ 資料編 ……… 105

資料1	障害者差別解消法（概要）	106
資料2	学校における合理的配慮の観点：3観点11項目	107
資料3	学校における基礎的環境整備の観点：8観点	108
資料4	障害者権利条約24条	109
資料5	特別支援教育	110
資料6	教育支援	112
資料7-1	障害の程度と教育の場：特別支援学校	114
資料7-2	障害の程度と教育の場：特別支援学級	114
資料7-3	障害の程度と教育の場：通級による指導	115
資料8	大学入学者選抜における障害のある受験生への対応	116
資料9	各教育委員会作成の移行シート	117

あとがき ……… 118

執筆者一覧 ……… 119

編集注

1. 近年，障がい，障碍との書き換えが行われていますが，本書発刊時点での法令の条文では障害の表記であり，本書でも同様にしました。
2. 2008年，日本精神神経学会において，AD／HDは注意欠如／多動性障害との呼名変更が行われていますが，本書発刊時点での法令の条文でADHD・注意欠陥多動性障害の表記であり，本書でも同様にしました。

Ⅰ 合理的配慮の基礎知識

1 合理的配慮にかかわる法律・方針

1 障害者権利条約

　障害者の権利に関する条約（以下，障害者権利条約）は『障害者の人権や基本的自由の享有を確保し，障害者の固有の尊厳の尊重を促進するため，障害者の権利を実現するための措置等を規定し，市民的・政治的権利，教育・保健・労働・雇用の権利，社会保障，余暇活動へのアクセスなど，様々な分野における取組を締約国に対して求める』国際約束で，障害者に関する初発のものです。2006年12月，第61回国連総会本会議において採択され，2008年5月に発効しました。わが国においては2007年9月に署名，2014年1月に批准，同年2月に発効しています。

　憲法を除く国内法は当該条約と矛盾がないようにしなくてはなりません。そのため，2011年8月に障害者基本法の改正，2012年6月に『障害者の日常生活及び社会生活を総合的に支援するための法律』（以下，障害者総合支援法），2013年6月に『障害を理由とする差別の解消の推進に関する法律』（以下，障害者差別解消法）などの成立と，法制度整備が行われました。

2 障害者差別解消法

　障害者への差別に関して，障害者権利条約では『「障害に基づく差別」とは，障害に基づくあらゆる区別，排除又は制限であって，政治的，経済的，社会的，文化的，市民的その他のあらゆる分野において，他の者との平等を基礎として全ての人権及び基本的自由を認識し，享有し，又は行使することを害し，又は妨げる目的又は効果を有するものをいう。障害に基づく差別には，あらゆる形態の差別（合理的配慮の否定を含む。）を含む』（第2条）と定義しています。この定義と条約が求める適切な措置の実施を踏まえ，2011年8月の障害者基本法改正において，同法第4条に『差別の禁止』が規定されました（資料1参照）。

　そして，規定を具体化するものとして，障害者差別解消法（資料1参照）は，図1-1に示した体系をもって『障害を理由とする差別の解消に関する基本的な事項や，国の行政機関，地方公共団体，民間事業者などにおける障害を理由とする差別を解消するための措置などについて定めることによって，すべての国民が障害の有無によって分け隔てられることなく，相互に人格と個性を尊重しあいながら共生する社会の実現につなげること』（内閣府HP）を目的として，2013年6月に成立し，2016年4月に施行されました。本法は障害を理由とする差別について『不等な差別的取扱いの禁止』（第7条第1項，第8条第1項）と『合理的配慮の提供』（第7条第2項，第8条第2項）をもって整理しています。

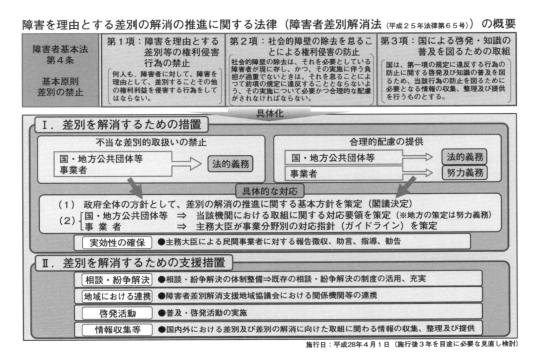

図1-1　障害者差別解消法の概要（内閣府，2016）

3　障害を理由とする差別の解消の推進に関する基本方針

　障害者差別解消法第6条第1項の規定に基づき，障害者差別の解消の推進に関する施策を総合的かつ一体的に実施するため，2015年2月に，施策の基本的な考え方として『障害を理由とする差別の解消の推進に関する基本方針』（以下，障害者差別解消基本方針）が示されました。この障害者差別解消基本方針において『法に規定された合理的配慮の提供に当たる行為は，既に社会の様々な場面において日常的に実践されているものもあり，こうした取組を広く社会に示すことにより，国民一人ひとりの，障害に関する正しい知識の取得や理解が深まり，障害者との建設的対話による相互理解が促進され，取組の裾野が一層広がることを期待するものである』とその基本的な考え方が明示されました。そして，図1-2に示したような，教育，医療，福祉，公共交通，雇用などの障害者の自立と社会参加にかかわるあらゆる分野に関連し，各府省の施策に横断的にまたがる障害者差別の解消の推進のフレームが示されました（内閣府，2016）。

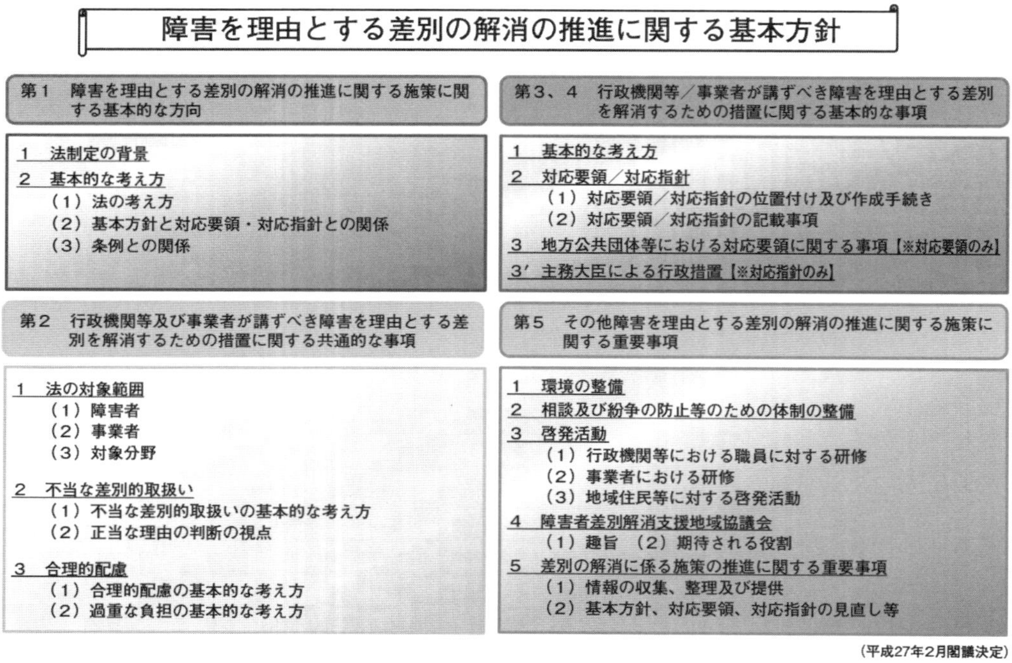

障害を理由とする差別の解消の推進に関する基本方針

第1　障害を理由とする差別の解消の推進に関する施策に関する基本的な方向
1. 法制定の背景
2. 基本的な考え方
    (1) 法の考え方
    (2) 基本方針と対応要領・対応指針との関係
    (3) 条例との関係

第2　行政機関等及び事業者が講ずべき障害を理由とする差別を解消するための措置に関する共通的な事項
1. 法の対象範囲
    (1) 障害者
    (2) 事業者
    (3) 対象分野
2. 不当な差別的取扱い
    (1) 不当な差別的取扱いの基本的な考え方
    (2) 正当な理由の判断の視点
3. 合理的配慮
    (1) 合理的配慮の基本的な考え方
    (2) 過重な負担の基本的な考え方

第3、4　行政機関等／事業者が講ずべき障害を理由とする差別を解消するための措置に関する基本的な事項
1. 基本的な考え方
2. 対応要領／対応指針
    (1) 対応要領／対応指針の位置付け及び作成手続き
    (2) 対応要領／対応指針の記載事項
3. 地方公共団体等における対応要領に関する事項【※対応要領のみ】
3′ 主務大臣による行政措置【※対応指針のみ】

第5　その他障害を理由とする差別の解消の推進に関する施策に関する重要事項
1. 環境の整備
2. 相談及び紛争の防止等のための体制の整備
3. 啓発活動
    (1) 行政機関等における職員に対する研修
    (2) 事業者における研修
    (3) 地域住民等に対する啓発活動
4. 障害者差別解消支援地域協議会
    (1) 趣旨　(2) 期待される役割
5. 差別の解消に係る施策の推進に関する重要事項
    (1) 情報の収集、整理及び提供
    (2) 基本方針、対応要領、対応指針の見直し等

(平成27年2月閣議決定)

図1-2　障害者差別解消基本方針の概要（内閣府，2016）

そして，障害者差別解消基本方針が適切に運用されるよう，2015年11月に，表1-1に示したように，文部科学省『文部科学省所管事業分野における障害を理由とする差別の解消の推進に関する対応指針』（以下，文科省対応指針）をはじめとする関係府省庁所管事業分野における障害を理由とする差別の解消の推進に関する対応指針が各省庁において定められました。

● 文献
1）　内閣府（2016）：平成28年版障害者白書.

● 資料
内閣府 HP　障害を理由とする差別の解消の推進に関する法律についてのよくあるご質問と回答〈国民向け〉（http://www8.cao.go.jp/shougai/suishin/law_h25-65_qa_kokumin.html）

表1-1 関係府省庁所管事業分野における障害を理由とする差別の解消の推進に関する対応指針

内閣府本府所管事業分野	における障害を理由とする差別の解消の推進に関する対応指針
国家公安委員会所管事業分野	における障害を理由とする差別の解消の推進に関する対応指針
金融庁所管事業分野	における障害を理由とする差別の解消の推進に関する対応指針
消費者庁所管事業分野	における障害を理由とする差別の解消の推進に関する対応指針
復興庁所管事業分野	における障害を理由とする差別の解消の推進に関する対応指針
総務省所管事業分野	における障害を理由とする差別の解消の推進に関する対応指針
法務省所管事業（債権管理回収業・認証紛争解決事業）分野	における障害を理由とする差別の解消の推進に関する対応指針
法務省所管事業（公証人・司法書士・土地家屋調査士）分野	における障害を理由とする差別の解消の推進に関する対応指針
法務省所管事業（更生保護事業）分野	における障害を理由とする差別の解消の推進に関する対応指針
外務省所管事業分野	における障害を理由とする差別の解消の推進に関する対応指針
財務省所管事業分野	における障害を理由とする差別の解消の推進に関する対応指針
文部科学省所管事業分野	における障害を理由とする差別の解消の推進に関する対応指針
厚生労働省 福祉分野	における事業者が講ずべき障害を理由とする差別を解消するための措置に関する対応指針
厚生労働省 医療分野	における事業者が講ずべき障害を理由とする差別を解消するための措置に関する対応指針
厚生労働省 衛生分野	における事業者が講ずべき障害を理由とする差別を解消するための措置に関する対応指針
厚生労働省 社会保険労務士の事業者が講ずべき障害を理由とする差別を解消するための措置に関する対応指針	
農林水産省所管事業分野	における障害を理由とする差別の解消の推進に関する対応指針
経済産業省所管事業分野	における障害を理由とする差別の解消の推進に関する対応指針
国土交通省所管事業分野	における障害を理由とする差別の解消の推進に関する対応指針
環境省所管事業分野	における障害を理由とする差別の解消の推進に関する対応指針

2 合理的配慮の基本的捉え

　障害者差別解消基本方針，中央教育審議会『共生社会の形成に向けたインクルーシブ教育システム構築のための特別支援教育の推進（報告）』ならびに，文科省対応指針において合理的配慮は次のように整理されています。

1 対象範囲と対応モデル：障害者差別解消基本方針

　障害者基本法における障害者，すなわち，身体障害，知的障害，精神障害（含，発達障害），その他の心身の機能の障害がある者がその対象とされています。特に女性である障害者は，障害に加えて女性であることにより，さらに複合的に困難な状況に置かれている場合があることや，障害児には成人の障害者とは異なる支援の必要性があることに留意するようにしています。そして，日常生活または社会生活において受ける制限は，障害のみに起因するものではなく，社会における様々な障壁と相対することによって生ずるものとの，いわゆる，社会モデルの考え方を取っています。

2 合理的配慮の捉え：障害者差別解消基本方針

　行政機関等および事業者に対し，その事務・事業を行うに当たり，個々の場面において，障害者から現に社会的障壁の除去を必要としている旨の意思の表明があった場合において，その実施に伴う負担が過重でないときは，障害者の権利利益を侵害することとならないよう，社会的障壁の除去の実施を行う際の必要かつ合理的な配慮が，合理的配慮とされています。

　合理的配慮の内容は，技術の進展，社会情勢の変化等に応じて変わり得るものとされ，現時点は『物理的環境への配慮』『意思疎通の配慮』『ルール・慣行の柔軟な変更』の3つの配慮が示されています。

　なお，障害者からの意思の表明に当たっては，言語（手話を含む）のほか，点字，拡大文字，筆談，実物の提示や身振りサインなどによる合図，触覚による意思伝達などの必要な手段（通訳を介するものを含む）により伝えられるものとされています。

3 学校教育分野における合理的配慮の捉え:インクルーシブ教育システム構築推進報告

2012年7月に,中央教育審議会初等中等教育分科会に設けられた特別支援教育の在り方に関する特別委員会から示された『共生社会の形成に向けたインクルーシブ教育システム構築のための特別支援教育の推進(報告)』において,学校教育分野における合理的配慮(資料2参照)と基礎的環境整備(資料3参照)の関係図(図1-3)が示されました。そして,合理的配慮は『障害のある子どもが 他の子どもと平等に「教育を受ける権利」を享有・行使することを確保するために,学校の設置者及び学校が必要かつ適当な変更・調整を行うことであり,障害のある子どもに対し,その状況に応じて,学校教育を受ける場合に個別に必要とされるもの』であり,『学校の設置者及び学校に対して,体制面,財政面において,均衡を失した又は過度の負担を課さないもの』と定義されています。また,基礎的環境整備は『障害のある子どもに対する支援については,法令に基づき又は財政措置により,国は全国規模で,都道府県は各都道府県内で,市町村は各市町村内で,教育環境の整備をそれぞれ行う。これらは,「合理的配慮」の基礎となる環境整備であり,それを「基礎的環境整備」と呼ぶこととする』とされています。

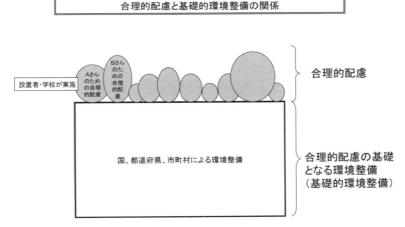

図1-3 学校教育分野における合理的配慮・基礎的環境整備(中央教育審議会,2012)

こうした学校教育分野における合理的配慮と基礎的環境整備の関係性を理解するには,"教育的ニーズ"と合理的配慮・基礎的環境整備の関係性を整理しておく必要があります。

ニーズはマーケティング理論で主に用いられてきた用語で,"ニーズ(needs)""ウォンツ(wants)""シーズ(seeds)"の3つのタームをもって説明されます。ニーズは抽象的欲求とされ,生活上の必要な充足状況が満たされていない状態を意味します。また,ウォンツは具体

表1-2　ニーズ・ウォンツ・シーズと教育的ニーズ・合理的配慮・基礎的環境整備の関係性とその例（聴覚障害）

ニーズ	（特別な）教育的ニーズ	（聴覚障害への社会的障壁によって生じる）情報補償の必要性		
ウォンツ	合理的配慮	手話	ノートテイク	FM補聴システム
シーズ	基礎的環境整備	手話のできる教員の配置	ノートテイカーの養成	機器の購入・配備

的欲求とされ，そのニーズを満たす個人由来の特定のものを欲している状態を意味します。そして，シーズはサービス体（企業など）が保持している技術や材料，サービスになります。こうしたニーズ・ウォンツ・シーズと教育的ニーズ・合理的配慮・基礎的環境整備を重ね合わせて考えると，表1-2のような関係性が考えられます。

4　学校教育分野における合理的配慮の具体例・留意点：文科省対応指針

　障害者差別解消基本方針にて現時点での合理的配慮とされた『物理的環境への配慮』『意思疎通の配慮』『ルール・慣行の柔軟な変更』に関わって，文科省対応指針ではその具体例として表1-3から表1-6のような配慮が示されています。なお，これらの具体例はあくまでも例示であり，これらの合理的配慮の具体例を含む対応指針の内容を踏まえ，具体的場面や状況に応じて柔軟に対応することが期待されています。

表1-3　物理的環境への配慮や人的支援の配慮の具体例―主として物理的環境への配慮―

○学校，社会教育施設，スポーツ施設，文化施設等において，災害時の警報音，緊急連絡等が聞こえにくい障害者に対し，災害時に関係事業者の管理する施設の職員が直接災害を知らせたり，緊急情報・館内放送を視覚的に受容することができる警報設備・電光表示機器等を用意したりすること。
○管理する施設・敷地内において，車椅子利用者のためにキャスター上げ等の補助をし，又は段差に携帯スロープを渡すこと。
○配架棚の高い所に置かれた図書やパンフレット等を取って渡したり，図書やパンフレット等の位置を分かりやすく伝えたりすること。
○疲労を感じやすい障害者から別室での休憩の申出があった際，別室の確保が困難である場合に，当該障害者に事情を説明し，対応窓口の近くに長椅子を移動させて臨時の休憩スペースを設けること。
○移動に困難のある学生等のために，通学のための駐車場を確保したり，参加する授業で使用する教室をアクセスしやすい場所に変更したりすること。
○聴覚過敏の児童生徒等のために教室の机・椅子の脚に緩衝材を付けて雑音を軽減する，視覚情報の処理が苦手な児童生徒等のために黒板周りの掲示物等の情報量を減らすなど，個別の事案ごとに特性に応じて教室環境を変更すること。

表1-4　物理的環境への配慮や人的支援の配慮の具体例―主として人的支援の配慮―

○目的の場所までの案内の際に，障害者の歩行速度に合わせた速度で歩いたり，介助する位置（左右・前後・距離等）について，障害者の希望を聞いたりすること。
○介助等を行う学生（以下「支援学生」という。），保護者，支援員等の教室への入室，授業や試験でのパソコン入力支援　移動支援，待合室での待機を許可すること。

表1-5　意思疎通の配慮の具体例

○学校，社会教育施設，スポーツ施設，文化施設等において，筆談，要約筆記，読み上げ，手話，点字など多様なコミュニケーション手段や分かりやすい表現を使って説明をするなどの意思疎通の配慮を行うこと。
○情報保障の観点から，見えにくさに応じた情報の提供（聞くことで内容が理解できる説明・資料や，拡大コピー，拡大文字又は点字を用いた資料，遠くのものや動きの速いものなど触ることができないものを確認できる模型や写真等の提供），聞こえにくさに応じた視覚的な情報の提供，見えにくさと聞こえにくさの両方がある場合に応じた情報の提供（手のひらに文字を書いて伝える等），知的障害に配慮した情報の提供（伝える内容の要点を筆記する，漢字にルビを振る，単語や文節の区切りに空白を挟んで記述する「分かち書き」にする，なじみのない外来語は避ける等）を行うこと。また，その際，各媒体間でページ番号等が異なり得ることに留意して使用すること。
○知的障害のある利用者等に対し，抽象的な言葉ではなく，具体的な言葉を使うこと。例えば，サービスを受ける際の「手続」や「申請」など生活上必要な言葉等の意味を具体的に説明して，当該利用者等が理解しているかを確認すること。
○子どもである障害者又は知的障害，発達障害，言語障害等により言葉だけを聞いて理解することや意思疎通が困難な障害者に対し，絵や写真カード，コミュニケーションボード，タブレット端末等のICT機器の活用，視覚的に伝えるための情報の文字化，質問内容を「はい」又は「いいえ」で端的に答えられるようにすることなどにより意思を確認したり，本人の自己選択・自己決定を支援したりすること。
○比喩表現等の理解が困難な障害者に対し，比喩や暗喩，二重否定表現などを用いずに説明すること。

表1-6　ルール・慣行の柔軟な変更の具体例

○学校，社会教育施設，スポーツ施設，文化施設等において，事務手続の際に，職員や教員，支援学生等が必要書類の代筆を行うこと。
○障害者が立って列に並んで順番を待っている場合に，周囲の理解を得た上で，当該障害者の順番が来るまで別室や席を用意すること。
○他人との接触，多人数の中にいることによる緊張のため，不随意の発声等がある場合，緊張を緩和するため，当該障害者に説明の上，施設の状況に応じて別室を用意すること。
○学校，文化施設等において，板書やスクリーン等がよく見えるように，黒板等に近い席を確保すること。
○スポーツ施設，文化施設等において，移動に困難のある障害者を早めに入場させ席に誘導したり，車椅子を使用する障害者の希望に応じて，決められた車椅子用以外の客席も使用できるようにしたりすること。
○入学試験や検定試験において，本人・保護者の希望，障害の状況等を踏まえ，別室での受験，試験時間の延長，点字や拡大文字，音声読み上げ機能の使用等を許可すること。
○点字や拡大文字，音声読み上げ機能を使用して学習する児童生徒等のために，授業で使用する教科書や資料，問題文を点訳又は拡大したものやテキストデータを事前に渡すこと。
○聞こえにくさのある児童生徒等に対し，外国語のヒアリングの際に，音質・音量を調整したり，文字による代替問題を用意したりすること。
○知的発達の遅れにより学習内容の習得が困難な児童生徒等に対し，理解の程度に応じて，視覚的に分かりやすい教材を用意すること。
○肢体不自由のある児童生徒等に対し，体育の授業の際に，上・下肢の機能に応じてボール運動におけるボールの大きさや投げる距離を変えたり，走運動における走る距離を短くしたり，スポーツ用車椅子の使用を許可したりすること。
○日常的に医療的ケアを要する児童生徒等に対し，本人が対応可能な場合もあることなどを含め，配慮を要する程度には個人差があることに留意して，医療機関や本人が日常的に支援を受けている介助者等と連携を図り，個々の状態や必要な支援を丁寧に確認し，過剰に活動の制限等をしないようにすること。
○慢性的な病気等のために他の児童生徒等と同じように運動ができない児童生徒等に対し，運動量を軽減したり，代替できる運動を用意したりするなど，病気等の特性を理解し，過度に予防又は排除をすることなく，参加するための工夫をすること。
○治療等のため学習できない期間が生じる児童生徒等に対し，補講を行うなど，学習機会を確保する方法を工夫すること。
○読み・書き等に困難のある児童生徒等のために，授業や試験でのタブレット端末等のICT機器使用を許可したり，筆記に代えて口頭試問による学習評価を行ったりすること。
○発達障害等のため，人前での発表が困難な児童生徒等に対し，代替措置としてレポートを課したり，発表を録画したもので学習評価を行ったりすること。

○学校生活全般において，適切な対人関係の形成に困難がある児童生徒等のために，能動的な学習活動などにおいてグループを編成する時には，事前に伝えたり，場合によっては本人の意向を確認したりすること。また，こだわりのある児童生徒等のために，話し合いや発表などの場面において，意思を伝えることに時間を要する場合があることを考慮して，時間を十分に確保したり個別に対応したりすること。
○理工系の実験，地質調査のフィールドワークなどでグループワークができない学生等や，実験の手順や試薬を混同するなど，作業が危険な学生等に対し，個別の実験時間や実習課題を設定したり，個別のティーチング・アシスタント等を付けたりすること。

また，学校教育分野は障害者との関係性が長期にわたるなど固有の特徴を有することから，表1-7，1-8に示した事項が特に留意すべき点とされています。

なお，これらの留意すべき点に加え，保護者と連携し，プライバシーにも留意しつつ，『障害のある幼児，児童及び生徒の将来的な自立と社会参加を見据えた障害の早期発見・早期支援の必要性及びインクルーシブ教育システムの理念に鑑み，幼児教育段階や小学校入学時点において，意思の表明の有無に関わらず，幼児及び児童に対して適切と思われる支援を検討するため，幼児及び児童の障害の状態等の把握に努めることが望ましい』ともされています。

● 文献

1）中央教育審議会初等中等教育分科会（2012）：共生社会の形成に向けたインクルーシブ教育システム構築のための特別支援教育の推進（報告）．

表1-7　初等中等教育段階における合理的配慮に関する留意点

ア　合理的配慮の合意形成に当たっては，権利条約第24条第1項にある，人間の多様性の尊重等の強化，障害者が精神的及び身体的な能力等を可能な最大限度まで発達させ，自由な社会に効果的に参加することを可能とするといった目的に合致するかどうかの観点から検討が行われることが重要である。

イ　合理的配慮は，一人一人の障害の状態や教育的ニーズ等に応じ，設置者・学校（学校教育法（昭和22年法律第26号）第1条に規定する学校（大学及び高等専門学校を除く。）をいう。以下同じ。）及び本人・保護者により，発達の段階を考慮しつつ合意形成を図った上で提供されることが望ましく，その内容を個別の教育支援計画に明記することが重要である。

ウ　合理的配慮の合意形成後も，幼児，児童及び生徒一人一人の発達の程度，適応の状況等を勘案しながら柔軟に見直しができることを共通理解とすることが重要である。

エ　合理的配慮は，障害者がその能力を可能な最大限度まで発達させ，自由な社会に効果的に参加することを可能とするとの目的の下，障害のある者と障害のない者が共に学ぶ仕組みであるインクルーシブ教育システムの理念に照らし，その障害のある幼児，児童及び生徒が十分な教育が受けられるために提供できているかという観点から評価することが重要である。例えば，個別の教育支援計画や個別の指導計画について，各学校において計画に基づき実行した結果を評価して定期的に見直すなど，PDCAサイクルを確立させていくことが重要である。

オ　進学等の移行時においても途切れることのない一貫した支援を提供するため，個別の教育支援計画の引継ぎ，学校間や関係機関も含めた情報交換等により，合理的配慮の引継ぎを行うことが必要である。

表1-8　高等教育段階における合理的配慮に関する留意点

① 機会の確保：障害を理由に修学を断念することがないよう，修学機会を確保すること，また，高い教養と専門的能力を培えるよう，教育の質を維持すること。
② 情報公開：障害のある大学進学希望者や学内の障害のある学生に対し，大学等全体としての受入れ姿勢・方針を示すこと。
③ 決定過程：権利の主体が学生本人にあることを踏まえ，学生本人の要望に基づいた調整を行うこと。
④ 教育方法等：情報保障，コミュニケーション上の配慮，公平な試験，成績評価などにおける配慮を行うこと。
⑤ 支援体制：大学等全体として専門性のある支援体制の確保に努めること。
⑥ 施設・設備：安全かつ円滑に学生生活を送れるよう，バリアフリー化に配慮すること。

3 小・中・高等学校，特別支援学校における留意点への具体的対応

1 障害者権利条約第24条に示された視点からの検討の実施

　障害者権利条約第24条（資料4参照）は教育に関する条文です。この第1項に障害者を内包する教育制度（インクルーシブ教育システム）および生涯学習の確保が唱われています。このインクルーシブ教育システムおよび生涯学習の目的は『人間の多様性の尊重等の強化，障害者が精神的及び身体的な能力等を可能な最大限度まで発達させ，自由な社会に効果的に参加することを可能とする』とされています。

　インクルーシブ教育システムの構築を推進するためには，まず最初に"インクルージョン"と"ノーマライゼーション""インテグレーション"との違いを理解しておくことが重要になります。

　"ノーマライゼーション""インテグレーション"は障害者や高齢者などは一般市民との"生活の場"が異なるものであることを大前提としています。"ノーマライゼーション"は障害者や高齢者などがいない社会は"正常（ノーマル）"ではないので，障害者や高齢者なども"生活の場"を共にする"正常"な社会にしていくことが主眼となります。"インテグレーション"は障害者や高齢者などを一般市民の社会に"統合（インテグレート）"するために，障害者や高齢者などに一般市民の"生活の場"で生活していくための力をつけ，"統合"していくことが主眼となります。

　それに対し，"インクルージョン"は地球上の全ての人たちが健康で文化的な生活を実現することができるように，人種や性別，年齢，障害の有無などにかかわりなく，同じ社会の構成員として"包含（インクルーシブ）"していくことを主眼とします。そのため，"インクルーシブ教育"は，基本的には障害のある子どもと障害のない子どもが"同じ生活の場"で教育を受けることになります。しかし，"同じ生活の場"にさえすれば『自由な社会に効果的に参加することを可能とする』ことに達するものではありません。子ども一人一人がその持てる力を存分に発揮できるように教育の制度や仕組みを検討していくことが不可欠になります。

　そうした教育制度や仕組みがインクルーシブ教育システムであり，その実現を特別支援教育（資料5参照）が支えることになります。つまり，多様な学びの場の設定，弾力的な教育課程の設定，専門性のある教員などの配置，施設・設備の充実，包括性のある効果的な指導の提供，交流および共同学習の充実などの推進が必須となります。

I 合理的配慮の基礎知識

2 合意形成された合理的配慮の個別の教育支援計画への明記

　2013年8月に行われた学校教育法施行令一部改正（資料6参照）により，『就学基準に該当する障害のある子どもは特別支援学校に原則就学するという従来の就学先決定の仕組みを改め，障害の状態（中略）等を踏まえた総合的な観点から就学先を決定する』こととなり，就学先決定の流れが図1-4から図1-5のように大きく変わりました（文部科学省，2014）。このことにより，障害の程度が就学基準（資料7-1参照）に該当する場合であっても小中学校への就学を決定する"認定就学・認定就学者"の規定が廃止されました。そして，就学基準に規定された障害の程度の者のうち，市町村教育委員会が総合的な観点から判断し，特別支援学校に就学することが適当であると認めた者を"認定特別支援学校就学者"とするようになりました。つまり，就学基準は特別支援学校入学のための必要条件であるとともに，総合的判断の判断基準のひとつとして位置づけられることになりました。

　その一方，この改正において，図1-5のように，市町村教育委員会が作成する個別の教育支援計画の活用が教育支援の基盤とされました。この個別の教育支援計画は『市町村教育委員会が，原則として翌年度の就学予定者を対象に，それまでの支援の内容，その時点での教育的ニーズと必要な支援の内容等について，保護者や認定こども園，幼稚園，保育所，医療，福祉，保健等の関係機関と連携して，「個別の教育支援計画」等として整理し，就学後は，学校が作成する個別の教育支援計画の基となるものとして就学先の学校に引き継ぐもの』（文部科学省，2014）とされています。そして，『専門機関等の関係者や保護者の参加を得て，当該児童に最もふさわしい教育支援の内容や，それを実現できる就学先等を決定していく過程で作成され』『新たな就学先における支援の充実を図るもの』（文部科学省，2014）となるものです。

　このように，今後，就学移行期に市町村教育委員会によって作成される個別の教育支援計画，そして，就学後に学校によって作成される個別の教育支援計画は，設置者・学校および本人・保護者に合意形成された合理的配慮の内容を明記することが不可欠となります。

3 合意形成された合理的配慮を柔軟に見直しができることの共通理解

　上述した学校教育法施行令一部改正によって，就学時に小学校段階6年間，中学校段階3年間の学びの場が全て決定してしまうのではなく，図1-5に示されているように，子どもの発達の状況や学校の環境などを勘案しながら合意形成を柔軟に見直し，転学などができるようになりました。この転学を支えるシステムが域内の教育資源の組み合わせ，すなわち，スクールクラスターになります。

　インクルーシブ教育システムは，わが国において共生社会の形成を目指し，障害のある子どもと障害のない子どもが"同じ生活の場"で共に学ぶことを追求するとともに，障害のある幼

【改正前（学校教育法施行令）】

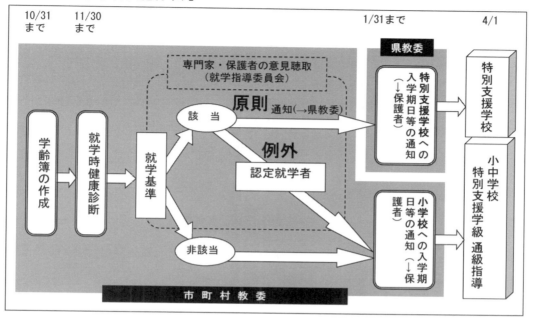

図1-4　学校教育法改正前の就学指導の流れ（文部科学省，2014）

【改正後（学校教育法施行令）】

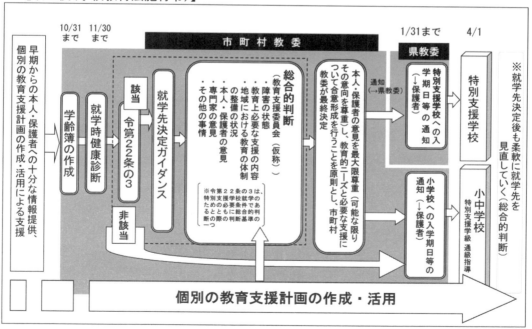

図1-5　学校教育法改正後の教育支援の流れ（文部科学省，2014）

児児童生徒の自立と社会参加を見据え，その時点での合理的配慮に最も的確に応える教育的支援を提供できる，多様で柔軟な学校教育体制の構築が不可欠になります。しかし，幼稚園，小学校，中学校（含，特別支援学級，通級指導教室），高等学校（含，通級指導教室）および特別支援学校がそれぞれ単体では，障害のある幼児児童生徒一人一人に十分な合理的配慮を提供することは容易ではありません。そのため，図1-6のように，障害保健福祉圏域や教育事務所管内の幼稚園，小学校，中学校（含，特別支援学級，通級指導教室），高等学校（含，通級指導教室）および特別支援学校といった教育資源を移動可能（movable）な，すなわち，転学可能な多様な学びの場として捉えるスクールクラスターを積極的に構築し，活用していくことになります。

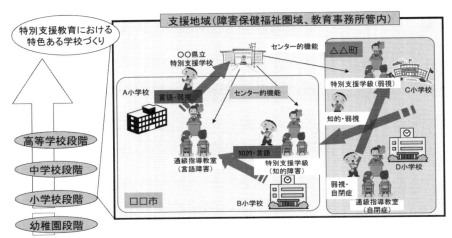

図1-6　スクールクラスターのイメージ（中央教育審議会，2012）

4　合理的配慮を障害のある幼児児童生徒が十分な教育が受けられるために提供できているかという観点からの評価の実施

　学校教育法施行令一部改正によって，児童生徒の障害の状態の変化のみならず，その児童生徒の教育上必要な支援の内容，地域における教育の体制の整備の状況などの変化によっても特別支援学校と小・中学校の転学の検討を進めることができるようになりました。
　そうしたこともあり，教育支援委員会（仮称）は就学指導委員会の就学先決定の機能だけではなく，表1-9に示したように，就学先への適切な情報提供や，就学後の"学びの場"の変更等に助言を行うといった新たな機能も担うことが適当とされています。
　小学校段階，中学校段階のそれぞれにおいて，その児童生徒にとってのより良い学びを確保するための合理的配慮を提供できる学びの場であるのかモニタリングを常に行うことが不可欠です。

表1-9　教育支援委員会（仮称）の機能（文部科学省，2014）

(ア) 障害のある子どもの状態を早期から把握する観点から，教育相談との連携により，障害のある子どもの情報を継続的に把握すること。
(イ) 就学移行期においては，教育委員会と連携し，本人・保護者に対する情報提供を行うこと。
(ウ) 教育的ニーズと必要な支援について整理し，個別の教育支援計画の作成について助言を行うこと。
(エ) 市町村教育委員会による就学先決定に際し，事前に総合的な判断のための助言を行うこと。
(オ) 就学先についての教育委員会の決定と保護者の意見が一致しない場合において，市町村教育委員会からの要請に基づき，第三者的な立場から調整を行うこと。
(カ) 就学先の学校に対して適切な情報提供を行うこと。
(キ) 就学後についても，必要に応じ「学びの場」の変更等について助言を行うこと。
(ク) 「合理的配慮」について，提供の妥当性や関係者間の意見が一致しない場合の調整について助言を行うこと。

5　進学等の移行時も一貫した支援を提供するために合理的配慮の引継ぎを行うこと

合理的配慮の学校間などの引継ぎにおいては個別の教育支援計画がその中核となります。しかし，現行学習指導要領では，特別支援学校学習指導要領のみにその作成が明記されています。幼・小・中・高等学校などで学ぶ障害のある幼児児童生徒には必要に応じて作成されるに留まっています。こうした状況もあり，2016年5月に教育再生実行会議の第九次提言において，表1-10に示したように，"個別カルテ（仮称）"の特別支援学級および通級による指導の対象となる児童生徒への作成義務，そして，高等学校までの各学校での作成・活用・引継ぎの方向性が示されました。

個別の教育支援計画，個別カルテ（仮称）の移行時の確実な引継ぎによって，合理的配慮の引継ぎも途切れることがないよう，その確固たる体制づくりがとても重要となります。

表1-10　学校での個別カルテ（仮称）の作成と引継ぎ（教育再生実行会議，2016）

○ 特別な支援を必要とする子どもについて，各発達段階を通じ，円滑な情報の共有，引継ぎがなされるよう，国は，乳幼児期から高等学校段階までの各学校等で個別の支援情報に関する資料（個別カルテ（仮称））を作成し，進級，進学，就労の際に，記載された情報の取扱いについて十分配慮した上で，その内容が適切に引き継がれる仕組みを整える。高等教育段階においても，個別カルテ（仮称）の作成・活用を推進する。特に，特別支援学級及び通級による指導の対象となる児童生徒については，個別カルテ（仮称）の作成を義務化する。

● 文献

1) 中央教育審議会初等中等教育分科会（2012）：共生社会の形成に向けたインクルーシブ教育システム構築のための特別支援教育の推進（報告）．
2) 文部科学省（2014）：教育支援資料．
3) 教育再生実行会議（2016）：第九次提言．

Ⅱ 幼稚園・保育所等から小学校への移行支援

1 幼稚園・保育所等から小学校への移行支援の基本的考え方

1 就学移行期の課題と移行支援の必要性

　幼児期（幼稚園・保育所・認定こども園等。以下，幼稚園・保育所等）から児童期（小学校）にかけての教育においては，自制心や耐性，規範意識が十分に育っていない，教室において45分の学習に集中できない，教師の話が聞けずに授業が成立しない，いわゆる小1プロブレムといった問題が指摘されています。これは，"遊び"が生活の中心となる幼稚園・保育所等と，教科学習が生活の中心となる小学校との違いをはじめ，両者の間の様々な"段差"によるものであると考えられます。特に発達障害などの障害のある子どもの多くは，環境の変化への対応が困難であり，この"段差"が，小学校での生活をより困難にしているといえます。また，学習障害のように，国語や算数の教科学習が始まる小学校入学後に困難が顕在化するものは，幼稚園・保育園等からの引継ぎがないこともあり，小学校で新たな対応が必要となるケースもあります。

　移行期の支援とは，合理的配慮を必要とする子どもと保護者が，合理的配慮の継続性を確保するとともに，これまでの配慮の評価と見直しにより，より適切な配慮を求めることができるようにすることです。また，新たな配慮への見通しを持てるようにすることにより，不安を解消するとともに，就学先や配慮内容の合意に関与することにより，子どもと保護者の自立性を確保するものです。

　いくつかの移行期の中でも，就学への移行期における支援の在り方は特に重要です。それは，子どもと保護者の不安が大きいこと，就学への移行期は子どもの成長の節目と対応していること，子どもの教育的ニーズに応じた多様な学びの場を検討する必要があることなどが挙げられます。

　これらのことを踏まえ，幼稚園・保育所等から小学校への円滑な移行支援を行うために求められることは以下のようになります。

2 幼稚園・保育所等から小学校への円滑な移行支援のために求められること

① 就学前段階での早期発見・早期支援

　幼稚園・保育所等の担当者は，生活や遊びの様子を通して学習面や行動面における合理的配慮が必要なことに早期に気付くことが可能です。早期からの適切な配慮が困難の早期解消につながり，その後の不適応や二次障害を未然に防ぐことにもつながりますので，支援を要する子

どもの正確な実態把握やより良い支援計画を作るために専門家の活用を図るなど，何らかの具体的な対応を組織的に進めることが大切です。また，子どもの発達の状況については，保護者との信頼関係づくりへの取組みを通じて，家庭での気づきも大切にしながら情報を保護者と共有し，合理的配慮を必要とすることについて，保護者の理解を得ることが大切です。

幼稚園・保育所等の担当者からは，保護者との関係の悪化を恐れて子どもの姿を保護者に伝えられないという声を聞くことがあります。また，「まだ小さいから，そのうちできるようになる」という考えから困難が見過ごされてしまう場合があります。障害のある・なしにかかわらず，普段から子どもの生活や集団での様子と幼稚園・保育所等で行っている対応について，具体的かつていねいな説明をし，子どもの苦手なことや得意なことについて保護者との共通認識を図り，保護者が子どもを肯定的に受け入れることができるよう，働きかけていくことが大切です。

② 行政レベルでの確実な情報の引継ぎシステムの構築

障害のある子どもが，地域社会の一員として生涯にわたって様々な人々と交流し，主体的に社会参加しながら心豊かに生きていくことができるようにするためには，教育・医療・福祉・保健・労働などの各分野が一体となって，社会全体として，その子の自立を生涯にわたって支援していく体制を整備することが必要です。このため，早期からの支援を就学期に円滑に引き継ぎ，障害のある子どもの精神的および身体的な能力をその可能な最大限まで発達させ，学校卒業後の自立に向けて移行支援を充実させるなど，一貫した教育支援が強く求められます。一貫した教育支援を効果的に進めるためには，子どもの成長記録や指導内容に関する支援ファイルや個別の教育支援計画などでの情報を，幼稚園・保育所等から就学先の小学校へ確実に引き継ぎ，途切れのない支援を行うことが必要になります。

しかし，これらを幼稚園・保育所等や小学校がそれぞれで行うには限界があります。小学校には公立私立の複数の幼稚園・保育所等から子どもが入学してくるため，個々の小学校が，それぞれの幼稚園・保育所等に在籍する支援を要する子どもの把握や支援の引継ぎを行うことは難しく，これが双方の連携を難しくしている一因にもなっています。そこで，各自治体での乳幼児健診と就学前の療育・相談との連携，幼稚園・保育所等と小学校の連携を図る事業など，教育委員会と首長部局とが連携した，途切れのない支援に関する施策が行われることが望まれます。

ある自治体（市）では，乳幼児健診の段階で支援を要する子どもを把握し，継続的に相談や支援ができるようにするための支援ファイルを作成し，自治体で管理するシステムを作っています。就学移行期には，自治体が支援ファイルを所有する子どもの保護者に連絡をし，保護者と幼稚園・保育所等や小学校の担当者，行政関係者を交えた支援ファイルの引継ぎ会を実施しています。

引継ぎ会では，子どもの障害の状況の情報交流だけでなく，保護者が小学校の生活に対して不安を感じていること，友達関係や座席の位置など，配慮を希望する内容についても話し合われます。また，希望に応じて体験入学や入学式当日のリハーサルを行うことなども検討します。保護者にとっては，小学校や行政の担当者から直接話を聞くことができ，就学後も継続して相談できることがわかる良い機会となっています。何よりも，たくさんの人が協力してわが子の支援に当たっていること，保護者も支援者として参画しているということがこの会を通して実感できることも保護者の大きな安心につながります。また，この自治体では就学後も行政の担当者や専門家が小学校を訪問し，引き継いだことが就学先でも行われているか，支援内容の変更の必要はないかなどについて学校に助言をするなどのフォローアップを行っています。

　支援に関する情報の引継ぎにおいては，幼稚園・保育所等から小学校へ支援ファイルを送るだけでは，正確な情報が伝わりにくいことがあるため，このように保護者を含めた関係者が一堂に会し，子どもを中心とした途切れのない支援のために支援ファイルの情報を共有し，就学後のフォローアップまでを一体とした行政のシステムがあることは，保護者のみならず，幼稚園・保育所等や小学校にとっても大きな安心になります。

③　双方の担当者の共通理解と専門性向上

　小学校の生活は，"教科指導中心の学習"・"時間割に沿った日課の中での生活"・"自力通学"など，幼稚園・保育所等の生活と大きく環境が変わるため，幼稚園・保育所等で見られなかった困難が就学後に顕在化することがあります。そのため，現在，多くの自治体や学校などでは，幼保小連携協議会の設置や幼稚園・保育所等と小学校の教職員や保育士の交流，幼児と児童の交流，接続カリキュラムの実施などを通して，幼稚園・保育所等と小学校の生活の違いを共通理解したり，幼稚園・保育所等から小学校へのスムーズな移行ができるようなカリキュラムの工夫を行ったりしています。

　このような取組みに加え，幼稚園・保育所等と小学校の教職員や保育士が，発達段階に応じた障害特性や支援の在り方について，正しく理解し，支援ができる力を身に付けることが大切です。例えば「靴の左右を間違える，自分のロッカーの場所が覚えられない」といった就学前段階で見られる"空間認知の弱さ"が，小学校では「文字や数字の読み書きの困難さ」につながることがあるといった見通しのもとに子どもの見せる姿の把握ができると，認知の特性を踏まえた適切な支援を早期から行うことができます。そのために，特別支援学校のセンター的機能や地域の専門家を活用して障害の理解と支援に関する研修を充実させることが必要です。

2 教育支援の基本的手順

　2013年8月に行われた学校教育法施行令一部改正（資料6参照）によって就学先決定の流れが大きく変更となったことは第Ⅰ章第3項でも述べましたが，本項では図2-1に示された流れに即してその基本的な手順とその際に留意すべき点を述べることにします（文部科学省，2013）。

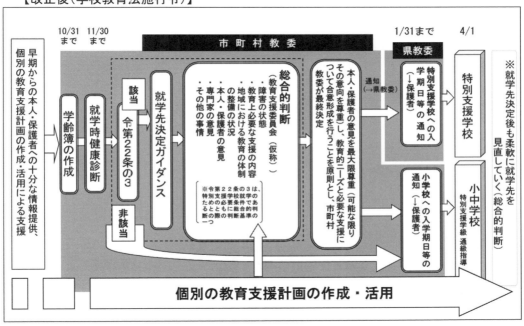

図2-1　教育支援の基本的流れ

1　学齢簿の作成

　市町村の教育委員会は，毎年10月31日までに，学校教育法施行令第2条の定めに従い，その市町村に住所の存する新入学者の，10月1日現在の学齢簿を作成しなければなりません。この学齢簿の作成によって就学を予定している幼児の氏名が確定します。

2 就学時健康診断

　就学時健康診断は，学校保健安全法施行令第1条により，毎年11月30日までに，小学校などへの就学予定者に対して実施することが市町村教育委員会に義務づけられています。
　『栄養状態，脊柱及び胸郭の疾病及び異常の有無，視力及び聴力，眼の疾病及び異常の有無，耳鼻咽喉疾患及び皮膚疾患の有無，歯及び口腔の疾病及び異常の有無，その他の疾病及び異常の有無』（学校保健安全法施行令第2条）が診断されます。そして，その結果に応じて，治療の勧告，保健上必要な助言を行うとともに，就学義務の猶予もしくは免除または特別支援学校への就学などに関し，適切な措置がとられることになります。

3 学校教育法施行令第22条の3

　特別支援学校へ就学する児童生徒は，学校教育法施行令第22条の3，いわゆる就学基準（資料7-1参照）に規定する障害があることが必要条件となります。その上で，市町村教育委員会が特別支援学校への就学が適切とした者は『認定特別支援学校就学者』とされます。

4 就学先決定ガイダンス

　保護者に，就学の検討の開始に先立ち，全体的な事務手続の流れや域内の学校（通常の学級，通級による指導，特別支援学級，特別支援学校）や支援のための資源の状況を伝えます。そして，域内の学校の見学・体験入学ができること，また，就学先について意向が可能な限り尊重されること，実際の就学先決定後も障害の状態などを踏まえ，柔軟に転学が可能であることなどを伝える機会として実施されます。

5 個別の教育支援計画などの作成・活用

　市町村教育委員会が作成する個別の教育支援計画は，翌年度の就学予定者の『障害の状態，教育的ニーズと必要な支援の内容，保護者の意見，就学先の学校で受ける指導や支援の内容，関係機関が実施している支援の内容』（文部科学省，2013）などから構成されるものです。
　この個別の教育支援計画は，幼稚園・保育所等で作成されている個別の教育支援計画や個別の支援計画などと一貫性を持たせつつ，専門機関などの関係者や保護者の参加を得て，当該児童に最もふさわしい教育支援の内容や，それを実現できる就学先などを決定していく過程で作成されるものとされています。そして，保護者の了解を得た上で，就学先に引き継がれていくことになります。

6 総合的判断（教育支援委員会（仮称））

"障害の状態""教育上必要な支援の内容"についてはこれまでの就学指導においても重視されてきたことです。"地域における教育の体制の整備の状況"はスクールクラスターの整備状況であり，基礎的環境整備の重要なひとつとなります。

そして，今回の制度改正で特記すべきもののひとつとして"本人・保護者の意見"があります。保護者からの意見聴取に当たっては，これに先立ち，就学先および就学後の支援の内容などについて説明をした後，保護者が考える時間を十分に確保しておくことが必要です。その際，支援を必要とする理由や，就学先で得られる教育効果などについても，わかりやすくていねいに説明することが重要です。また，あらかじめ両親や家族で相談しておくことを勧めたり，既に就学している子どもの家族に相談できる機会を設けたりするなどの取組みも行われています。

また，この場合においては，『国及び地方公共団体は，前項の目的を達成するため，障害者である児童及び生徒並びにその保護者に対し十分な情報の提供を行うとともに，可能な限りその意向を尊重しなければならない』旨が規定されている点にも留意しなければなりません（障害者基本法第16条第2項）。なお，障害のある子ども本人の意見については，学齢児童生徒の段階では，一般的には保護者を通じて表出されるものと考えられます。中学校または特別支援学校中学部への進学時などにおいては，障害や発達の状況などを踏まえつつ，別途，本人の意見聴取を行うことが望ましい場合もあるとされています。

あわせて，就学先の検討には，教育学，医学，心理学などの専門家の意見を聴取することが必要です。なお，専門家からの意見の聴取は，市町村教育委員会が就学先の決定を行うに際して，その判断に資するよう実施されるものであり，就学先を決定するのは市町村教育委員会であることに留意することが必要とされています。

7 教育的ニーズなどの検討と合意形成

教育支援となって，市町村教育委員会が本人・保護者に対して十分な情報提供をしつつ，本人・保護者の意見を最大限尊重し，本人・保護者と市町村教育委員会，学校などが教育的ニーズと必要な支援について合意形成を行い，市町村教育委員会が決定することとなりました。この際に，合理的配慮の内容についても合意形成を図ることが望ましいとされています。

なお，合意形成に至らない場合には，第三者的な有識者を加えた都道府県教育委員会の『教育支援委員会（仮称）』などを，本人・保護者の要望を受けた市町村教育委員会からの依頼に基づいて，都道府県教育委員会による市町村教育委員会に対する指導・助言の一環として活用することも示されています。なお，市町村教育委員会は，あらかじめ本人・保護者に対し，行政不服審査制度も含めた就学に関する情報提供を行っておくことが望ましいとされています。

8 就学先の決定・通知

① 就学先の決定

児童の就学先は，前述した本人・保護者と市町村教育委員会，学校などによる教育的ニーズと必要な支援について合意形成を行った上で，市町村教育委員会が最終的には決定します。

② 通知の発出

【小学校へ就学する場合】

小学校への就学が適当と判断された児童については，学校教育法施行令第5条第1項および第2項に基づき，前年度の1月末までに，市町村教育委員会から保護者に対して就学通知が発出されます。同時に，学校教育法施行令第7条に基づき，市町村教育委員会から，その児童が就学する小学校の校長にも児童の氏名および入学期日が通知されます。

【特別支援学校へ就学する場合】

特別支援学校への就学が適当と判断された児童については，学校教育法施行令第11条第1項に基づき，前年度の12月末までに，市町村教育委員会から都道府県教育委員会に対し，その氏名および特別支援学校に就学させるべき旨が通知されます。

そして，学校教育法施行令第14条第1項に基づき，通知を受けた児童について，保護者に対し，小学校と同様，市町村教育委員会から，前年度の1月末までに，特別支援学校への就学通知が発出されます。また，都道府県教育委員会から，これと同時に，学校教育法施行令第15条第1項に基づき，その児童が就学する特別支援学校の校長にも児童の氏名および入学期日が通知されます。加えて，学校教育法施行令第15条第2項に基づいて，市町村教育委員会にも，その児童の氏名，入学期日および指定した特別支援学校が通知されることになります。

●文献

1) 文部科学省（2013）：教育支援資料．

3 小学校教員が幼稚園等教員から受け取りたい教育支援情報

1 はじめに

　近年，幼稚園・保育所等に特別な教育的支援を必要とする幼児が4.5％在籍し，そのうち75.8％が医学的診断はない状況[4]にあります。また，通常の学級に知的発達の遅れはないものの発達障害の可能性のある特別な教育的支援を必要とする児童が7.7％在籍する状況[8]にあるとされています。そのため幼稚園・保育所等から小学校への就学支援がこれまで以上に課題となってきています。

　幼稚園・保育所等から小学校への就学時の引継ぎ情報に活用できる個別移行支援カルテ【小学校就学版】の項目を明らかにするため，小学校の先生方を対象とした「小学校の先生方が幼稚園・保育所等から引き継ぎたい教育支援情報」に関する質問紙調査を行いました。

　そして，個別移行支援カルテ【小学校就学版】を作成する際に，幼稚園・保育所等の先生方が小学校の先生方と幼稚園・保育所等の先生方との教育支援情報の必要度の違いを理解しておけるように，その相違についても検討しました。

2 調査の方法

① 対象

　A県内小学校教員136名，A県内幼稚園・保育所等14園専門職173名

② 時期

　2014年4月

③ 手続き

　小学校10校143名，幼稚園・保育所等14園専門職（以下，幼稚園等教員）180名に質問紙調査を行いました。なお，調査対象者に文書で自由意思回答，匿名性などを示し，同意を得た者に回答していただきました。そして，小学校教員136名（回収率95.1％），幼稚園等教員173名（96.1％）から回答を得られ，全てを分析の対象としました。

④ 調査項目

　近年，各地の教育委員会が策定している個別の教育支援計画，個別の就学支援計画の教育情

報に関する項目（資料9参照）や先行研究など[1)3)5)7)]を参考にして，障害児教育学を専門とする大学教員1名，現職院生9名（小学校勤務経験6名，特別支援学校勤務経験3名）の計10名にて，項目の内容や表現を検討し，合理的配慮を必要とする幼児の就学時に小学校教員が受け取りたい教育支援情報として表2-1に示した45項目を選定しました。

そして，合理的配慮を必要とする幼児の小学校就学時に当たっての受け取りの必要度を5件法（5.すごく思う，4.わりに思う，3.やや思う，2.あまり思わない，1.少しも思わない）にて尋ねました。

⑤ 分析方法

【因子構造】

小学校教員が合理的配慮を必要とする幼児の小学校通常の学級への就学時に受け取りたい教育支援情報を明らかにするために因子分析（最尤法，プロマックス法）を行いました。ただし，因子負荷量｜.40｜に満たない項目が生じた際，また，1因子2項目が生じた際は，その項目を削除し，再解析しました。

さらに，Cronbachの α 係数による信頼係数にて尺度の内的一貫性を検証しました。なお，各因子名については〈　〉で示しました。

【必要度の差違】

小学校教員が受け取りたい教育支援情報と幼稚園等教員が引き継ぎたい教育支援情報の必要度の差違を明らかにするため，小学校教員，幼稚園等教員の回答得点を比較分析しました。統計処理にはSPSSver.23.0を用いました。

3　調査の結果

① 小学校教員が受け取りたい教育支援情報

1回目の因子分析で因子負荷量｜.40｜に満たない7項目，2回目で2項目，3回目で1項目，4回目で2項目，5回目で1項目を除外しました。さらに，6回目で1因子2項目となった2項目「家庭での休日の過ごし方について」「家庭での平日の過ごし方について」を除外しました。そして，7回目の回転後の因子負荷量は表2-1のとおり，30項目いずれも｜.40｜以上であり，6因子ともに3項目以上となりました。KMO測度.887，バートレットの球面性検定 $p<.01$ で妥当性が保証され，カイザーガットマン基準とスクリープロット基準に従って6因子構造と判断しました。

各因子の因子名は因子負荷量｜.70｜以上の項目に着目し，第1因子は「描くことへの興味や関心について」「数えることへの興味や関心について」「体を動かすことへの興味や関心について」などの項目から〈学習活動に関する情報〉の因子と命名しました。

表2-1 合理的配慮を必要とする幼児の就学時に小学校教員が受け取りたい教育支援情報に関する質問事項

Q小1：健康面について
Q小2：視力や色覚について
Q小3：聞こえについて
Q小4：特定のにおいへの反応について
Q小5：特定の音への反応について
Q小6：移動や歩行について
Q小7：鉛筆やクレヨンなどの握り方について
Q小8：跳んだり、跳ねたり、走ったりするなどの体の動きについて
Q小9：スプーンや食器などの操作について
Q小10：食物を噛んだり、飲み込んだりする様子について
Q小11：食事の量や偏食について
Q小12：トイレに自分から行くことができるかについて
Q小13：排泄に関する一連の動作について
Q小14：はさみやのりなどの用具の使い方について
Q小15：必要な道具を自分で準備ができるかについて
Q小16：使用した道具を自分で片付けることができるかについて
Q小17：衣服の着脱の状況について
Q小18：衣服の片付けの状況について
Q小19：指示や話の内容理解の程度について
Q小20：友達とのかかわりの様子について
Q小21：教師や大人とのかかわりの様子について
Q小22：集団での活動への参加の様子について
Q小23：好きな遊びの内容について
Q小24：危険な場所への反応について
Q小25：ルールを守るなどの規範意識について
Q小26：感情のコントロールについて
Q小27：順番、昨日、今日、スケジュールの理解などの時間の把握
Q小28：上下、左右、前後、場所の理解などの空間の把握について
Q小29：文字への興味や関心について
Q小30：平仮名（自分の名前程度）の読みについて
Q小31：平仮名（自分の名前程度）の書きについて
Q小32：数えることへの興味や関心について
Q小33：描くことへの興味や関心について
Q小34：体を動かすことへの興味や関心について
Q小35：歌ったり、楽器を演奏したりすることへの興味や関心について
Q小36：自分の思いの伝達の状況について
Q小37：姿勢保持の様子について
Q小38：家庭での休日の過ごし方について
Q小39：家庭での平日の過ごし方について
Q小40：登園時の保護者との別れ方について
Q小41：靴の片付けの様子について
Q小42：靴の脱ぎ履きの様子について
Q小43：多動性や衝動性などの行動の様子について
Q小44：チックや爪かみ等の行動の様子について
Q小45：絵本の読み聞かせなどへの注意の持続について

表2-2　合理的配慮を必要とする幼児の就学時に小学校教員が受け取りたい教育支援情報の因子構造

項目	因子負荷量					
	I	II	III	IV	V	VI
第1因子〈学習活動に関する情報〉（a=.954）						
1　描くことへの興味や関心について	1.073	.034	.010	−.029	−.011	−.170
2　数えることへの興味や関心について	1.009	−.014	−.024	−.040	.024	−.075
3　体を動かすことへの興味や関心について	.995	.034	−.072	−.020	.019	−.067
4　歌ったり，楽器を演奏したりすることへの興味や関心について	.877	.076	−.039	−.031	.006	.045
5　平仮名（自分の名前程度）の書きについて	.720	−.081	.075	−.022	.068	.163
6　文字への興味や関心について	.640	.035	.178	.019	−.028	.059
7　平仮名（自分の名前程度）の読みについて	.566	−.106	.051	−.005	.196	.333
第2因子〈集団生活に関する情報〉（a=.898）						
8　友達とのかかわりの様子について	−.001	.855	−.035	−.196	.215	−.057
9　教師や大人とのかかわりの様子について	.005	.740	.053	−.097	.182	−.042
10　指示や話の内容理解の程度について	−.096	.737	.004	.136	.287	−.113
11　集団での活動への参加の様子について	−.038	.664	.008	.122	.205	−.139
12　必要な道具を自分で準備できるかについて	.158	.587	.049	.068	−.135	.119
13　衣服の着脱の状況について	.066	.539	.031	.093	−.234	.193
14　使用した道具を自分で片付けることができるかについて	.286	.473	−.023	.134	−.179	.123
15　衣服の片付けの状況について	.232	.448	−.052	.024	−.205	.315
第3因子〈感覚反応や運動動作への配慮に関する情報〉（a=.850）						
16　聞こえについて	−.102	−.043	.901	.054	−.025	−.031
17　視力や色覚について	.160	−.086	.882	.027	−.024	−.222
18　特定のにおいへの反応について	.119	.051	.680	−.027	−.014	.070
19　特定の音への反応について	−.006	.072	.573	.028	.141	.198
20　排泄に関する一連の動作について	−.018	.107	.480	−.130	−.006	.267
第4因子〈巧緻性に関する情報〉（a=.887）						
21　スプーンや食器などの操作について	−.048	−.106	−.043	.989	.074	.023
22　跳んだり，跳ねたり，走ったりするなどの体の動きについて	−.104	.222	−.052	.896	.058	−.186
23　鉛筆やクレヨンなどの握り方について	.214	−.173	.006	.764	.037	.109
24　食物を噛んだり，飲み込んだりする様子について	.199	−.040	.217	.462	−.090	.107
第5因子〈情動のコントロールに関する情報〉（a=.724）						
25　多動性や衝動性などの行動の様子について	−.050	.110	.140	.073	.633	.121
26　チックや爪かみなどの行動の様子について	.122	.268	.019	.040	.612	−.023
27　自分の思いの伝達の状況について	.234	.190	−.157	.025	.514	.211
第6因子〈自助行動に関する情報〉（a=.783）						
28　靴の片付けの様子について	.448	−.167	−.041	.033	.066	.721
29　靴の脱ぎ履きの様子について	.402	−.121	−.065	.067	.078	.715
30　トイレに自分から行くことができるかについて	−.175	.093	.433	−.140	.138	.478

N=136，モデル全体の a 係数 .951

　また，第2因子は「友達とのかかわりの様子について」「教師や大人とのかかわりの様子について」「指示や話の内容理解の程度について」などの項目から〈集団生活に関する情報〉の因子と命名しました。

　そして，第3因子は「聞こえについて」「視力や色覚について」などの項目から〈感覚反応や運動動作への支援に関する情報〉の因子と命名しました。

　さらに，第4因子は「スプーンや食器などの操作について」「跳んだり，跳ねたり，走ったりするなどの体の動きについて」などの項目から〈巧緻性に関する情報〉の因子と命名しました。

　第5因子は「多動性や衝動性などの行動の様子について」「自分の思いの伝達の状況について」などの項目から〈情動のコントロールに関する情報〉の因子と命名しました。

　最後に，第6因子は「靴の片付けの様子について」「トイレに自分から行くことができるかについて」などの項目から〈自助行動に関する情報〉の因子と命名しました。

　なお，a係数は第1因子.954，第2因子.898，第3因子.850，第4因子.887，第5因子.724，第6因子.783，モデル全体.951となり，信頼性は確認できました。

表2-3 合理的配慮を必要とする幼児の就学時の小学校教員と幼稚園等教員の教育支援情報の重要度の捉え

	順位の平均		統計検定量 U
	小学校教員	幼稚園等教員	
第1因子〈学習活動に関する情報〉	139.91	173.94	8,488.000 *
第2因子〈集団生活に関する情報〉	131.42	173.54	5,887.000 *
第3因子〈感覚反応や運動動作への配慮に関する情報〉	157.93	152.70	12,162.000
第4因子〈巧緻性に関する情報〉	137.16	169.03	9,337.500 *
第5因子〈情動のコントロールに関する情報〉	139.40	167.26	9,643.000 *
第6因子〈自助行動に関する情報〉	144.23	163.47	10,299.000

$*P < .01$

② 小学校教員と幼稚園等教員の必要度の差異

 Shapiro-Wilk 検定により各因子の尺度得点は小学校教員，幼稚園等教員ともに正規分布に従わないことが確認されたため，Mann-Whitney の U 検定を行いました。

 その結果は表2-3に示したように，〈学習活動に関する情報〉〈集団生活に関する情報〉〈巧緻性に関する情報〉〈情動のコントロールに関する情報〉については引継ぎの必要感が小学校教員は幼稚園等教員よりも有意に低い状況にありました。なお，〈感覚反応や運動動作への配慮に関する情報〉〈自助行動に関する情報〉については有意な差はありませんでした。

4 小学校教員が幼稚園等教員から受け取りたい教育支援情報

 小学校教員が合理的配慮を必要とする幼児の就学時に幼稚園・保育所等から受け取りたい教育支援情報の因子構造は〈学習活動に関する情報〉〈集団生活に関する情報〉〈感覚反応や運動動作への配慮に関する情報〉〈巧緻性に関する情報〉〈情動のコントロールに関する情報〉〈自助行動に関する情報〉の6因子からなりました。

 この因子構造と，幼児期から児童期の教育課程や指導計画につながりを持たせるために留意すべきとされる3つの自立〈学びの自立〉〈生活上の自立〉〈精神的な自立〉[12]と比較すると，〈学習活動に関する情報〉は〈学びの自立〉，〈集団生活に関する情報〉〈巧緻性に関する情報〉〈自助行動に関する情報〉は〈生活上の自立〉，〈情動のコントロールに関する情報〉は〈精神的な自立〉と重なります。しかし，〈感覚反応や運動動作への配慮に関する情報〉は重なるものがありませんでした。

 このような結果から，小学校教員は〈学びの自立〉〈生活上の自立〉〈精神的な自立〉に関する情報を基盤としながら，合理的配慮を必要とする幼児の小学校就学時にはそれらの詳細な移行支援情報と，〈感覚反応や運動動作への配慮に関する情報〉に関する移行支援情報を必要としていることが確認されました。

 小学校教員が幼稚園等教員よりも引継ぎ情報の必要度が有意に低い背景には，情報の引継ぎ

が3月下旬であるために新入生学級編成などに活用できていない状況[10]や，小学校特別支援教育コーディネーターが幼稚園・保育所等から直接に引き継いでいない状況[10]が影響しているように思われます。加えて，小学校1年生担任は幼稚園・保育所等からの要録に記された情報はあまり有用な情報とは捉えておらず，入学後に自分で確認しようとする傾向が強い[2][6][11]とされており，小学校入学後に小学校教員が確認可能な〈学習活動に関する情報〉〈集団生活に関する情報〉〈巧緻性に関する情報〉〈情動のコントロールに関する情報〉に有意な差が生じたものと考えられます。

　こうした状況を打破するためには，市町村教育委員会が就学に当たって作成する個別の教育支援計画は就学先の学校の教育支援の内容を想定した項目・内容[9]となすことがまずは不可欠と考えます。そして，教育支援委員会（仮称）[9]での就学先決定後速やかに，幼稚園・保育所等の担当者から小学校特別支援教育コーディネーターへ情報の引継ぎを行う機会を教育支援の過程に位置づけていくことが必須になってきます。さらに，就学先となる各小学校では，新入生受け入れ作業において特別支援教育コーディネーターが得た引継ぎ情報を学級編成に反映できるようにし，学級担任にその情報を急告するプロセスを組み込んでいくことが緊要に取り組むべき課題のひとつになると考えます。

● 注
　本節は「伊藤智子・坂本　裕・石原　隆（2016）：特別な教育的支援を必要とする幼児の認定こども園・幼稚園・保育所から小学校への引継ぎ情報に関する調査研究．岐阜大学教育学部研究報告（人文科学），第65号1巻，155-159．」を再編集しました。

● 文献
1) 姉崎　弘・大原喜教・藪岸加寿子・森倉千佳（2007）：特別支援教育における就学指導委員会の在り方に関する一研究．三重大学教育学部附属教育実践総合センター紀要，第27号，57-61．
2) 浅見　均（2010）：保・幼・小の連携の現状と課題．日本教材文化研究財団研究紀要，第40号，62-66．
3) 茶谷和美・西田福美・中川早百合・金森裕治（2007）：特別支援教育における就学支援のあり方の一考察．大阪教育大学障害児教育研究紀要，第30号，45-56．
4) 平澤紀子・藤原義博・山根正夫（2005）：保育所・園における「気になる・困っている行動」を示す子どもに関する調査研究．発達障害研究，第26号，256-267．
5) 久原有貴・七木田　敦・小鴨治鈴・松本信吾・玉木美和・金岡美幸・関口道彦・大野　歩・金子嘉秀・河口麻希（2013）：発達に課題のある幼児の就学支援シート作りに関する実践的研究．広島大学学部・附属学校共同研究機構学部・附属学校共同研究紀要，第41号，141-149．
6) 井口眞美（2011）：要録の有効な活用に関する提言．淑徳短期大学研究紀要，第50号，115-127．
7) 倉　健三・仲村慎三郎（2011）：気になる子どもについての保育者と小学校教員による気づきの相違と引き継ぎに関する研究．兵庫教育大学研究紀要，第39号，67-76．
8) 文部科学省（2012）：通常の学級に在籍する発達障害の可能性のある特別な教育的支援を必要とする児童生徒に関する調査結果について．
9) 文部科学省（2013）：教育支援資料．
10) 野上惠子・佐藤慎二（2012）：「気になる児童」に関する幼稚園・保育所と小学校との連携の現状と課題．植草学

園短期大学研究紀要，第13号，65-70.
11) 田中浩二・福嶋義信（2012）：保育所児童保育要録を中心とした保小連携推進事業報告書.
12) 幼児期の教育と小学校教育の円滑な接続の在り方に関する調査研究協力者会議（2010）：幼児期の教育と小学校教育の円滑な接続の在り方について（報告）.

4 個別移行支援カルテ【小学校就学版】の実際

1 はじめに

　一人一人の子どもに合わせた支援を行うことは，教育の基本的な原則です。幼稚園・保育所等で生活する中で合理的配慮が必要な児童が小学校に入学したとき，その子に合った配慮が継続されることが大切となります。こうしたことが平成26年度からの就学手続きにおいても色濃く反映され，就学指導から教育支援へとその名称の変更とともに，大きく転換されました。そして，この教育支援の要となるのが個別移行支援カルテ【小学校就学版】です。

2 作成の構え

　子ども一人一人に合わせた教育活動，そして，支援を行うことは，個別という対応の形態のみをさすのではなく，集団の場において，個別化の徹底を図ることが重要であるということです。幼稚園や保育所等で行われた子ども一人一人に合わせた合理的配慮を小学校での支援でも継続していくために，個別移行支援カルテ【小学校就学版】を子ども一人一人の必要に応じて作成し，活用していきます。

　加えて，近年，子どもたちのより良い育ちには，保護者が主体的にその役割を果たしていくことの必要性が言われています。その中でも，合理的配慮を必要とする子の育ちには，特に，子どもを中心とした保護者と園や学校との協力体制を確かなものにしていくことが不可欠とされています。そのためには，子どもの育ちへの願いや具体的な支援の手立てについて，保護者と教員が一緒に考えたり，見直したりすることがとても大切になります。こうした保護者と園・学校との協力体制を確かなものにしていくために，個別移行支援カルテ【小学校就学版】の作成を通して，保護者と教員が子どものことを本音で語り合い，その育ちを共に喜び合うことを積み重ねていきます。

3 作成の手順

　個別移行支援カルテ【小学校就学版】の作成は，担任と保護者によって行われます。
　まず最初に，担任が作成していきます。なお，複数の者が支援に当たっている場合は，園内のケース会議などの場で，その複数の者によって子どもへの願いを設定し，評価を行うことになります。その中で，個々の子どもへの願いの妥当性などを高め，共通理解を図っていきます。

個別移行支援カルテ【小学校就学版】

立　　　　　園　　　　　　　　　　　　　　　　（取扱注意・複写厳禁）

幼児氏名		性別：男　・　女	記　載　日	年　　　月　　　日
保護者氏名		印	記載者及び主な支援者	記載者；　　　　　　　印　主な支援者

◇支援の方向性

◇本人の好きなこと・やりたいこと

◇保護者の思い・願い

◇学習活動に関する支援内容・方法

◇集団活動に関する支援内容・方法

◇生活習慣に関する支援内容・方法

◇情調に関する支援内容・方法

◇知覚・感覚に関する支援内容・方法

そして，園で担任が作成した個別移行支援カルテ【小学校就学版】を保護者とさらに検討します。すなわち，保護者と担任が一緒になって子どもへの願いやその育ちを確認していくことを大切にします。

【幼児氏名・保護者氏名・記載日・記載者及び主な支援者】
幼児氏名，保護者氏名，記載日，記載者および主な支援者を記載します。記載者には担任を記入します。主な支援者には，小学校から問い合わせがあった際の窓口となる担当者を記載します。（案）を保護者に提示し，保護者との合意形成を図り，捺印をいただきます。

【支援の方向性】
子どもの全体像を把握することを「支援の方向性」として記入していきます。その記載に当たっては，「子どもの姿」をどう捉え，どう育むのか，すなわち，どう育ってほしいのかといった「教師・保育者として大切にしたいこと」を明らかにします。この記入は，抽象的な表現ではなく，どんな子どもに育ってほしいのかの想定が可能となるものとして表現することが大切です。そのためには，どう育ってほしいのかの内容が具体的な願いとして挙げられるものかどうかを吟味してみることが不可欠です。そして，その見方・考え方をより妥当性の高いものとするため，自己研鑽に努めることが大切です。

【本人の好きなこと・やりたいこと】
合理的配慮が必要な子どもの支援を考える際，ややもするとその子の困ったことややってほしいことに目が行きがちです。しかし，それはその子の一部分でしかなく，まずはその子の興味や関心，やりたいことからその記述を始めます。

【保護者の就学に際しての思い・願い】
保護者から個別面談，日々のやり取りなどの中で示されたわが子への思いや小学校での生活への願いを記載します。

【学習活動に関する支援内容・方法】
学習に関する支援を幼稚園・保育所等で行っていた場合に記載します。主な内容としては次の８点が挙げられます。小学校での教科指導につながっていく事項ですので，より具体的な支援内容とその手立てを記載します。

・描くことへの興味や関心について
・数えることへの興味や関心について
・体を動かすことへの興味や関心について
・歌ったり，楽器を演奏したりすることへの興味や関心について
・文字への興味や関心について
・平仮名（自分の名前程度）の読みについて
・平仮名（自分の名前程度）の書きについて
・絵本の読み聞かせなどへの注意の持続について

【集団活動に関する支援内容・方法】

　集団参加に関する支援を幼稚園・保育所等で行っていた場合に記載します。主な内容としては次の4点が挙げられます。配慮を行ったときの場面や他児の状況なども具体的に記載すると小学校での取組みに役立ちます。

　・友達とのかかわりの様子について
　・教師や大人とのかかわりの様子について
　・指示や話の内容理解の程度について
　・集団での活動への参加の様子について

【生活習慣に関する支援内容・方法】

　生活習慣に関する支援を幼稚園・保育所等で行っていた場合に記載します。主な内容としては次の4点が挙げられます。教師の働きかけや補助具などの工夫によって成功した取組みを具体的に書きます。

　・排泄に関する一連の動作について
　・トイレに自分から行くことができるかについて
　・鉛筆やクレヨンなどの握り方について
　・はさみやのりなどの用具の使い方について

【情調に関する支援内容・方法】

　情調に関する支援を幼稚園・保育所等で行っていた場合に記載します。主な内容としては次の6点が挙げられます。幼稚園・保育所等での生活にて，配慮が必要になるであろうと予測された場面や状況とその際の予防的なかかわりなどを記載しておけば，小学校での生活にも大いに役立ちます。

　・自分の思いの伝え方の様子について
　・感情のコントロールの様子について
　・チックや爪かみなどの行動の様子について
　・多動性や衝動性などの行動の様子について
　・危険な場面への反応について
　・姿勢保持の様子について

【知覚・感覚に関する支援内容・方法】

　知覚・感覚に関する配慮を幼稚園・保育所等で行っていた場合に記載します。主な内容としては次の3点が挙げられます。子どもの困り感に気付く大きな手がかりになることが少なくありません。

　・視力や色覚について
　・特定のにおいへの反応について
　・特定の音への反応について

＊記入例Ⅰ（通常の学級）

個別移行支援カルテ【小学校就学版】

立　　　　園　　　　　　　　　　　　（取扱注意・複写厳禁）

幼児氏名	性別：男・女	記載日	年　月　日
保護者氏名	印	記載者及び主な支援者	記載者；　　　　　印　主な支援者

◇支援の方向性
　園での生活も３年目を終えようとしているが、毎日元気に登園している。言葉がやや不明瞭なところもあるが、これまでの園生活の中で、周りの友達も本人の発する言葉を理解し、仲良く活動している。現在の大きな声で堂々と話す姿を認め、大切にしていきたい。

◇本人の好きなこと・やりたいこと
　大型積み木やレゴを組み立てることが好き。

◇保護者の思い・願い
　言葉が不明瞭になることが気になっている。本人によい環境を望んでいる。現在も、みんなと一緒だと頑張ろうとする姿が見られるので、今のようにみんなと一緒に生活できるようにしたい。

◇学習活動に関する支援内容・方法
○自分から少しでもはっきり話せるように気を付けることで、聞き取りにくいこともあるが、大きな声で話すことを褒めるようにした。そのこともあってか、担任や友達に自分から話しかけることも多く、大きな声で話すことができる。全体の前でも話す姿がみられるようになった。

◇集団活動に関する支援内容・方法
○教師の指示に合わせて活動するときには、教師の声かけに加え、他の子どもを真似するように促すようにした。そのことで、植木鉢の移動では、「○○さんの隣に置くんだよ」と先に移動した子の場所を示すことで、自分で移動することができた。また、日頃の生活場面でも、みんなの前で話すときには、先にモデルとなる子が話すことで、それを真似て同じように話す姿が多くなった。

◇生活習慣に関する支援内容・方法
＊特記すべき事項はありません。

◇情調に関する支援内容・方法
＊特記すべき事項はありません。

◇知覚・感覚に関する支援内容・方法
＊特記すべき事項はありません。

＊記入例Ⅱ（通常の学級）

個別移行支援カルテ【小学校就学版】

　　　立　　　　　園　　　　　　　　　　　　　　　　　　（取扱注意・複写厳禁）

幼児氏名		性別：男　・　女	記載日	年　　　月　　　日
保護者氏名		印	記載者及び主な支援者	記載者；　　　　　　印　　　主な支援者

◇支援の方向性
　年少の途中，他園から転入してきた。活動的で，走ることを好む。就学を迎えた今年度は，支援員がついてくださるので，支援員を橋渡し役にしながら，クラスのみんなと一緒に活動できる時間をできる限り多くしてきた。

◇本人の好きなこと・やりたいこと
　教師や支援員とブランコや滑り台で遊ぶことが多い。

◇保護者の思い・願い
　本人の言葉遣いが乱暴であることが気になる。てんかんがあることから，園での生活も気をつけてほしい。障害幼児通園施設へ通っているが，本人が園の先生に反抗的な態度をとり，なかなか支援が進んでいないことが気がかりになっている。

◇学習活動に関する支援内容・方法
○絵本の読み聞かせや絵を描くときには，ひとつの活動を5～10分程度で終わる工程に分けて提示するようにしたことで，10分未満で終わる活動では，みんなと同じ場所で過ごすことができるようになってきた。
○みんなと一緒に活動できる時間が増えるように，活動の終了を理解できるような声かけとして教師や支援員が側に付き添い「これができたら終わりだよ」「ここまでやろうね」などと声をかけることで，みんなと同じ活動場所で最後まで過ごす時間が増えてきた。

◇集団活動に関する支援内容・方法
○みんなと一緒に過ごすことができるように，教師の一斉の指導の後，支援員が側について再度，手順を話すことで，指示の内容を理解し，みんなと同じ活動場所で過ごすことができるようになってきた。

◇生活習慣に関する支援内容・方法
＊特記すべき事項はありません。

◇情調に関する支援内容・方法
○友達にぶつかるなどして先生の気を引く様子がみられるので，支援員が側について本人の話し相手になることで，友達に手を出して先生の注意を引くようなことも減り，支援員と楽しそうに話ができるようになってきた。

◇知覚・感覚に関する支援内容・方法
＊特記すべき事項はありません。

＊記入例Ⅲ（通常の学級と通級による指導）

個別移行支援カルテ【小学校就学版】

立　　　　園　　　　　　　　　　　　　　　　（取扱注意・複写厳禁）

幼児氏名	性別：男　・　女	記載日	年　　月　　日
保護者氏名	印	記載者及び主な支援者	記載者；　　　　　　　　印　主な支援者

◇支援の方向性
　年中児の10月に□□園から転入してきた。体を動かすことが好きで，砂遊びや色水遊び，シャボン玉など，興味を持ったことには集中して遊ぶことができる。母親によいところを見てもらい，褒めてもらいたいので，母親に園での頑張りを伝えながら保育を進めてきた。園では，活動場所には全て支援員が付き添ったり，事前に活動に必要な物以外は置かない環境を設定したりしてきた。

◇本人の好きなこと・やりたいこと
　園庭での砂遊びや色水遊び，シャボン玉遊びが大好き。

◇保護者の思い・願い
　手がかかり，素直でない面もあるが，学力での遅れはない。通園センターでの個別の療育でも問題なく活動を行うことができている。小学校に入学し，上級生を真似して，もう少し静かに生活できるようになってほしい。

◇学習活動に関する支援内容・方法
＊特記すべき事項はありません。

◇集団活動に関する支援内容・方法
○みんなと一緒に活動に参加できるように，まず，本人の興味のある活動において，教師または支援員の手が届く距離で表情や言動を観察しながら，一緒に活動するようにした。教師または支援員とともに，本人の関心のある粘土や折り紙の制作，絵の具やボンドを使った活動をみんなと一緒にできた。発想も豊かで，粘土や折り紙の制作を楽しむ姿がみられるようになった。

◇生活習慣に関する支援内容・方法
○クラス活動の前までに着替えをすませるように，登園後，周りの園児が少ない場を用意し，着替えに取り組む意識が高まるような声かけを行った。そうした中，プールの着替え時に「先生と競争ね」などと，本人の意欲をかき立てる言葉をかけることで，同年齢の子と同じ速さで着替えることができるようになった。

◇情調に関する支援内容・方法
○電子ピアノ，本箱，マグネットなど，本人が気になった用具を教室から出しておき，本人の表情や会話，目つきから落ち着かない様子や，近くにいる子どもをたたくような姿がみられたときには，教師や支援員がウェイクボード等本人の興味がある話をすることで，気持ちを切り替え，折り紙の制作活動ができるようになってきた。

◇知覚・感覚に関する支援内容・方法
＊特記すべき事項はありません。

Ⅲ 小学校から中学校への移行支援

1 小学校から中学校への移行支援の基本的考え方

1 劇的な変化を円滑に乗り越えるために必要な情報とは

　小学校から中学校への移行期は，心身の発達がアンバランスとなり，多くの子どもたちが不安定になります。また，第2次反抗期も始まり，わけもなく反抗したくなったり，イライラしたりする気持ちがつのることで，周囲の人間とのトラブルが生じやすくなる時期でもあります。さらに，学習環境や生活環境が劇的に変化することから，いわゆる中1ギャップの波に飲み込まれる子どもたちが出てくるのもこの時期の特徴であるといえます。

　合理的配慮が必要な生徒に対しては，こうした変化に対する影響をできるだけ小さいものにとどめることが大切です。そのために，積極的に小学校との連携を深め情報収集を行うとともに，早期に一人一人に応じた支援の方向を打ち出すことが重要なポイントとなります。

　この移行期に手に入れたい情報としては「本人の志向に関する情報」「学習活動に関する情報」「集団活動に関する情報」「小学校までの専門的な支援に関する情報」「個別の配慮に関する情報」の5つです。これらの情報を生かしながら，対象生徒に，移行期の壁をできるだけ感じさせないような支援体制を築いていくことが求められます。

2 本人の志向に関する情報

① 対象生徒の興味・関心，得意なこと

　合理的配慮を必要とする生徒の多くは，これまでの成長の過程の中で困り感を持ち，様々な壁に阻まれ，自己肯定感が低いまま中学校に入学してくる場合が多いと考えられます。

　そこで，最初の接点で欲しいのが，対象生徒の興味・関心や得意なことに関する情報です。「○○さんは，～が得意なんだね」こうした言葉がけから合理的配慮が必要な生徒との信頼関係を築き，安心して中学校生活をスタートさせることが大事です。そして，プラス面を認め，自己肯定感を高めることを土台とし，さらに本人の願いや困り感を受け止めながら個別の教育支援計画や指導計画の作成，実施につなげていきたいものです。

② 保護者の願い

　初めて，わが子を中学校に送り出すときの保護者は，子どもと同様，様々な不安を持つものです。小学校では，常時一人の担任がかかわり，連絡帳などのやり取りで意志の疎通が図れただけに，教科担任制の中学校のシステムにとまどいを感じる保護者も多いと考えられます。そ

こで，保護者の不安を取り除き，同じ方向で支援していくためにも小学校のとき以上に保護者との連携を密にしていく工夫が必要です。連携する内容としては，入学式を含めた４月をどのように乗り切るかという短期目標も大切ですが，３年後の進路でどこを目指すのかという長期目標についても，できるだけ早い時期から情報交換を行っていくことが望まれます。保護者との連携については，管理職や特別支援教育コーディネーターが中心となり，受容的な態度で接し，合理的配慮に基づいた支援方法について一つ一つ合意形成を図っていきたいものです。

3 学習活動に関する情報

① 基本的な学習習慣について

　学習面で必要な情報は，基本的な学習習慣がどの程度身に付いているか，また，どの部分に合理的配慮が必要かというものです。その度合いに応じて，「支援員をつける」「担任・教科担任が支援する（特別に配慮する）」「仲間が支援をする」といった具体的な支援方法を考えていかなければなりません。そうした情報がうまく伝わらず支援体制が不十分であると，教科担任などから適切な支援を受けられなかったり，生徒同士のかかわりの中で誤解が生じたりするケースが生まれ，結果として対象生徒の自己肯定感を下げてしまうことにもつながりかねません。

② 基礎的な学力について

　基礎的学力がどの程度定着しているかという点は大事なポイントですが，どの分野で困り感を持っているのかという点にも着目したいものです。「理解はできるが表現することに強い抵抗がある」「話すことはできるが読むことが苦手である」「言語感覚は優れているが黒板を写すのに時間がかかる」このような一人一人の状況をしっかりと引き継ぐことが大切です。中学校ではそれらの情報を学年会や教科担任会の場で，情報共有を十分に行うことが求められます。

4 集団活動に関する情報

① 学級における様子

　学習活動の情報と同様に，学級での人間関係やトラブルの発生状況についての情報は重要です。班活動での様子や係活動の活動状況，さらには，どんな支援が受け入れられ，どんな行動がトラブルにつながるのかについて，きめ細やかな情報が欲しいところです。こうした情報を精査することによって，一人一人の生徒に配慮した学級編成に近づけることができます。

② 儀式的な行事や校外宿泊行事等

　中学校では，小学校以上に儀式的な行事や校外における職場体験，宿泊行事などが計画され

ています。したがって，そうした特別な場や状況に耐え得る力があるのか，また，席の位置や支援する人の配置などの特別な配慮がいるのかについての情報は極めて重要になります。逆に，宿泊行事などをうまくクリアすることで，社会性が身に付き，自信をつけていく生徒も多いことから，小学校での様子を参考にしながら指導のステップをあらかじめ考えておきたいものです。

5　小学校までの専門的な支援に関する情報

①　小学校における特別な配慮について

　教育の範疇を超えた福祉や医療などの関係機関にかかわる情報は，保護者の同意を得ながら慎重に求めていきたいものです。特に，自傷行為・他傷行為がある場合や医療的なケアが必要な場合などは，医療機関からの指示を仰ぎながら支援体制を仕組んでいくことが重要となります。

②　小学校で活用した教育資源について

　小学校で，どのような教育資源を活用したかについては，今後の指導方針を決めていく上で重要な手がかりとなります。特別支援学級や通級指導教室（言語，LD等），相談室などをいつ，どのような形で利用していたかについて知ることは，本人の生活のリズムをつかんだり，支援内容を決定したりする上での参考となります。できれば，個別の教育支援計画とともに，その時々の作品や写真，映像などの情報があると具体的な支援のイメージがわきやすいものです。

　また，通級指導教室などは中学校にはない場合が多く，組織としてどのように支えていくかについても検討をしていく必要があります。

6　個別の配慮に関する情報について

①　よりきめ細やかな支援について

　障害によっては，表面的に見えにくいものもあります。そこで，「音に敏感なので耳当てを使っていた」「肩に触れるだけで痛がるので身体接触は極力避けた」といった様々な場面における配慮事項も，全職員で情報共有をしながらきめ細やかな支援を行っていきたいものです。

②　パニック時の対応について

　生徒によっては，ちょっとした出来事でパニックに陥ってしまうことがあります。そうした状況をできるだけ避けるため，苦手な行為やスイッチの入るときの状態についてつかんでおきたいものです。また，パニックになったときの落ち着くための方法や場所，緊急時の保護者との連携の仕方についても事前に把握しておくことが重要になります。

2 中学校教員が小学校教員から受け取りたい教育支援情報

1 はじめに

　学級担任制である小学校から教科担当制である中学校への移行支援においては，青年期前期にある生徒の心の成長や葛藤も踏まえつつ，合理的配慮を必要とする生徒にかかわる教師集団でのよりきめ細やかな理解と対応が不可欠となります。

　そこで，中学校への移行時の引継ぎ情報に活用できる個別移行支援カルテ【中学校進学版】の項目を明らかにするため，中学校の先生方を対象とした「中学校の先生方が小学校から引き継ぎたい教育支援情報」に関する質問紙調査を行いました。

　そして，個別移行支援カルテ【中学校進学版】を作成する際に，中学校の先生方が高等学校の先生方と中学校の先生方との教育支援情報の必要度の違いを理解しておけるように，その相違についても検討しました。

2 調査の方法

① 対象

　A県内中学校教員177名，小学校教員272名

② 時期

　2015年2月

③ 手続き

　中学校6校208名，小学校17校409名に留め置き法で実施しました。なお，調査対象者に文書で自由意思回答，匿名性などを示し，同意を得た者に回答していただきました。中学校は189名（回収率90.9％）の回答が得られ，記載に不備のあった12名を除いた177名を分析対象としました。小学校は300名（回収率73.4％）の回答が得られ，記載に不備のあった28名を除いた272名を分析対象としました。

④ 調査項目

　各教育委員会が示した項目（資料9参照）を参考にし，障害児教育学を専門とする大学教員2名，現職院生6名（延べ，小学校勤務経験3名，中学校勤務経験3名，特別支援学校経験1

名）の計8名にて，項目の内容や表現を検討し，小学校通常の学級に在籍する合理的配慮を必要とする児童の中学校通常の学級への進学時に中学校教員が受け取りたいと推測される引継ぎ情報として表3-1の43項目を選定しました。

そして，小学校通常の学級に在籍する合理的配慮を必要とする児童の中学校通常の学級への進学時に当たっての引継ぎの必要度を5件法（5.すごく思う，4.わりに思う，3.やや思う，2.あまり思わない，1.少しも思わない）にて尋ねました。

⑤ 分析方法

【因子構造】

中学校教員が小学校通常の学級に在籍する特別な教育的支援を必要とする生徒の中学校への進学時に受け取りたい教育支援情報を明らかにするために因子分析（一般化された最小2乗法，オブリミン法）を行いました。因子負荷量｜.40｜に満たない項目が生じたり，1因子2項目が生じたりした際は，その項目を削除し，再解析しました。

さらに，Cronbachの α 係数による信頼係数にて尺度の内的一貫性を検証しました。なお，各因子名については〈 〉で示しました。

【必要度の差違】

中学校教員が受け取りたい教育支援情報と小学校教員が引き継ぎたい教育支援情報の必要度の差違を明らかにするため，中学校教員，小学校教員の回答得点を比較分析しました。統計処理にはSPSSver.23.0を用いました。

3 調査の結果

① 中学校教員が受け取りたい教育支援情報

1回目の因子分析で因子負荷量｜.40｜に満たない12項目と1因子1項目になった1項目，2回目の因子分析で因子負荷量｜.40｜に満たない5項目，3回目の因子分析で因子負荷量｜.40｜に満たない1項目を除外しました。4回目の回転後の因子負荷量は表3-2のとおり，24項目いずれも｜.40｜以上であり，全因子ともに3項目以上となりました。KMO測度.907，バーレットの球面性検定 $p < .01$ で優位に単位行列とは異なり，因子分析を適用させることの妥当性が保証されました。カイザーガットマン基準とスクリープロット基準に従って5因子構造と判断しました。

各因子の因子名は因子負荷量｜.70｜以上の項目に着目し，第1因子は「本人が得意とすることについて」「本人が興味や関心のある対象について」などの項目から〈本人の志向に関する情報〉の因子と命名しました。

そして，第2因子は「提出物をもれなく提出するようになるための支援について」「提出物

表3-1 合理的配慮を必要とする児童の進学時に中学校教員が受け取りたい教育支援情報に関する質問事項

Q中1：生活習慣面の支援について
Q中2：学級内での「人間関係づくり」の支援について
Q中3：感情の強い起伏が生じた際の対応の仕方について
Q中4：学習・生活環境の変化への戸惑いへの対応について
Q中5：教師や生徒とのコミュニケーションの支援について
Q中6：学習や生活を計画的に進めるための支援について
Q中7：小学校からの親しい友人に関する情報
Q中8：部活動へうまく参加するための支援について
Q中9：体育的活動や行事にスムーズに参加できるための支援について
Q中10：文化的活動や行事にスムーズに参加できるための支援について
Q中11：校外学習や宿泊行事にスムーズに参加できるための支援について
Q中12：入学式や卒業式などの式典にスムーズに参加できるための支援について
Q中13：小学校までの校外の適応指導教室などの利用状況について
Q中14：小学校までの校外の適応指導教室などの利用内容について
Q中15：小学校までの校内の相談室などの利用状況について
Q中16：小学校までの校内の相談室などの利用内容について
Q中17：授業に集中して取り組めるための支援について
Q中18：学習内容の理解や、記憶を助けるための支援について
Q中19：板書をノートに視写するための支援について
Q中20：プリント学習における支援について
Q中21：授業に必要な道具を揃えるための支援について
Q中22：提出物の期限を守るようになるための支援について
Q中23：提出物をもれなく提出するようになるための支援について
Q中24：学校行事などのスケジュール管理に有効な支援について
Q中25：教師の指示や話の内容を理解するための支援について
Q中26：授業中に自分の考えを発言できるための支援について
Q中27：当番活動や掃除に取り組むための支援について
Q中28：本人の興味や関心のある対象について
Q中29：本人が得意とすることについて
Q中30：小学校で主に支援に当たっていた教職員について
Q中31：家庭での過ごし方について
Q中32：保護者の教育方針について
Q中33：主たる養育者について
Q中34：保護者との連絡方法について
Q中35：家族関係について
Q中36：食物などへのアレルギー反応について
Q中37：心臓などの疾患に伴う活動制限について
Q中38：特定の音や臭いへの感覚過敏について
Q中39：精神的不安定さがみられた時の支援法について
Q中40：色弱や視野狭窄などの視機能への支援について
Q中41：色弱や視野狭窄などの視機能への配慮について
Q中42：服薬について
Q中43：病院などの専門機関との連携について

Ⅲ　小学校から中学校への移行支援　53

表3-2 合理的配慮を必要とする児童の進学時に中学校教員が受け取りたい教育支援情報の因子構造

項　目	因子負荷量				
	Ⅰ	Ⅱ	Ⅲ	Ⅳ	Ⅴ
第1因子〈本人の志向に関する情報〉（α=.884）					
Q中29：本人が得意とすることについて	**.962**	.022	.020	−.034	.059
Q中28：本人の興味や関心のある対象について	**.799**	.033	.040	.058	.062
Q中32：保護者の教育方針について	**.452**	.029	.134	.161	.097
第2因子〈学習活動に関する情報〉（α=.954）					
Q中23：提出物をもれなく提出するようになるための支援について	−.007	**1.067**	−.099	.016	−.037
Q中22：提出物の期限を守るようになるための支援について	−.008	**1.016**	−.039	−.009	−.040
Q中21：授業に必要な道具を揃えるための支援について	.055	**.755**	.053	.049	.004
Q中24：学校行事などのスケジュール管理に有効な支援について	.105	**.702**	.249	.020	−.148
Q中26：授業中に自分の考えを発言できるための支援について	.074	**.639**	−.031	.004	.153
Q中20：プリント学習における支援について	−.036	**.608**	.185	−.023	0.171
Q中27：当番活動や掃除に取り組むようになるための支援について	.322	**.555**	.053	−.049	.047
Q中8：部活動へうまく参加するための支援について	−.123	**.512**	.134	.130	0.206
Q中19：板書をノートに視写するための支援について	−.078	**.488**	.152	.023	0.337
第3因子〈集団活動に関する情報〉（α=.932）					
Q中9：体育的活動や行事にスムーズに参加できるための支援について	.016	−.016	**.976**	−.031	.047
Q中10：文化的活動や行事にスムーズに参加できるための支援について	−.022	.041	**.957**	.011	−.019
Q中12：入学式や卒業式などの式典にスムーズに参加できるための支援について	.181	.095	**.646**	.077	.004
Q中11：校外学習や宿泊行事にスムーズに参加できるための支援について	.044	.013	**.606**	.088	.085
第4因子〈小学校までの専門的な支援に関する情報〉（α=.940）					
Q中16：小学校までの校内の相談室などの利用内容について	.059	−.002	−.049	**.981**	−.027
Q中15：小学校までの校内の相談室などの利用状況について	.032	.017	−.015	**.896**	−.008
Q中14：小学校までの校外の適応指導教室などの利用内容について	−.073	−.023	.077	**.878**	.022
第5因子〈個別の配慮に関する情報〉（α=.879）					
Q中17：授業に集中して取り組めるための支援について	−.039	.012	.103	−.054	**.953**
Q中18：学習内容の理解や，記憶を助けるための支援について	.037	−.021	.176	−.044	**.839**
Q中3：感情の強い起伏が生じた際の対応の仕方について	.067	.020	−.062	.019	**.558**
Q中2：学級内での「人間関係づくり」の支援について	.083	.045	−.028	.081	**.490**
Q中5：教師や生徒とのコミュニケーションの支援について	.104	.081	.070	.195	**.447**

$N=177$, モデル全体のα係数 .959

の期限を守るようになるための支援について」「授業に必要な道具を揃えるための支援について」などの項目から〈学習活動に関する情報〉の因子と命名しました。

　また，第3因子は「体育的活動や行事にスムーズに参加できるための支援について」「文化的活動や行事にスムーズに参加できるための支援について」などの項目から〈集団活動に関する情報〉の因子と命名しました。

　さらに，第4因子は「小学校までの校内の相談室などの利用内容について」「小学校までの校内の相談室などの利用状況について」「小学校までの校外の適応指導教室などの利用状況について」などの項目から〈小学校までの専門的な支援に関する情報〉の因子と命名しました。

　最後に，第5因子は「授業に集中して取り組めるための支援について」「学習内容の理解や，記憶を助けるための支援について」などの項目から〈個別の配慮に関する情報〉の因子と命名しました。

なお，α係数は第1因子.884，第2因子.954，第3因子.932，第4因子.940，第5因子.879，モデル全体.959であり，信頼性は確認できました。

② 中学校教員と小学校教員の必要度の差異

Shapiro-Wilk検定により各因子の尺度得点は中学校教員，小学校教員ともに正規分布に従わないことが確認されたため，Mann-WhitneyのU検定を行いました。

結果は表3-3に示したように，〈集団活動に関する情報〉において1％水準で有意な差が認められました。

表3-3　合理的配慮を必要とする児童の進学時の中学校教員と小学校教員の教育支援情報の重要度の捉え

	順位の平均		統計検定量 U	
	中学校教員	小学校教員		
第1因子〈本人の志向に関する情報〉	238.20	216.41	21736.000	
第2因子〈学習活動に関する情報〉	226.08	224.30	23881.000	
第3因子〈集団活動に関する情報〉	240.32	215.03	21361.000	**
第4因子〈小学校までの専門的な支援に関する情報〉	233.69	219.34	22533.500	
第5因子〈個別の配慮に関する情報〉	233.56	219.43	22557.000	

$**P<.05$

4 中学校教員が小学校校員から受け取りたい教育支援情報

小学校通常の学級から中学校通常の学級への進学時に中学校教員が受け取りたい教育支援情報として，本調査では〈本人の志向に関する情報〉〈学習活動に関する情報〉〈集団活動に関する情報〉〈小学校までの専門的な支援に関する情報〉〈個別の配慮に関する情報〉が示されました。

〈本人の志向に関する情報〉は先行研究で取り上げた教育委員会作成の個別の教育支援計画にも「本人の将来の夢・希望」「就学後の学校生活に関する要望・期待など」「本人の願い」「がんばりたいこと・学びたいこと」「中学校生活に対する本人の思い・願いと，保護者の考え」と〈本人の志向に関する情報〉に類する項目が設定されています。このことは，今後展開されていく教育支援が『本人・保護者の意見を最大限（可能な限りその意向を尊重）し，教育的ニーズと必要な支援について合意形成を行うことを原則』[3]としており，その素地になり得るものと考えます。なお，〈本人の志向に関する情報〉は次章で示す高等学校教員が受け取りたい教育支援情報にはありませんでした。高等学校教員は特別指導が行われることもあって生徒への肯定的な支援の構えが持ちにくいとされる現状[4]にあるとされています。それに対し，小・中学校教員はユニバーサルデザインの導入や，居心地の良い学級集団づくりから合理

Ⅲ　小学校から中学校への移行支援　55

的配慮を必要とする児童生徒の学習活動を形成していく体制づくり[1]に取り組んでおり，そうしたことによる意識の差が反映されるものと思われます。

　その一方，〈集団活動に関する情報〉は先行研究とした教育委員会作成のいずれの個別の教育支援計画にも項目設定そのものがありませんでした。小学校教員，中学校教員それぞれが行う生徒指導の差異のひとつとして，中学校教員が行う規範意識を養うための毅然とした集団指導があり，このことは双方の教員が認識しているとされています[2]。しかし，〈集団活動に関する情報〉のみに中学校教員と小学校教員の教育支援情報の必要度に有意な差がみられました。〈集団活動に関する情報〉は中学校教員が生徒に規範意識を求める集団活動の場面にて，通常の学級に在籍し，合理的配慮を必要する生徒にも他の生徒との同調を求めるより強い意識の表れと考えられます。

●注
本節は「石原　隆・坂本　裕・伊藤智子・大林香織（2016）：通常の学級に在籍する特別な教育的支援を必要とする児童生徒の学校間の移行時における引継ぎ情報に関する調査研究．岐阜大学教育学部研究報告（人文科学）第65巻1号，161-167．」を再編集しました。

●謝辞
　本節で示した質問紙調査は大林香織さん（名古屋市立瀬古小学校教諭）の協力を得ました。

●文献
1）　藤井茂樹・齋藤由美子（2007）：通常学級へのコンサルテーション．平成19～21年度科学研究費（基盤研究（B））研究成果報告書.
2）　文部科学省（2011）：生徒指導提要.
3）　文部科学省（2013）：教育支援資料.
4）　中田正敏（2014）：今，高等学校における特別支援教育に必要とされていること．特別支援教育研究，682号，2-7.

3 個別移行支援カルテ【中学校進学版】の実際

1 はじめに

　学級担任制であった小学校から教科担任制の中学校への進学は，合理的配慮の必要な子どもへの教育的支援にかかわる教員数が一人から多数に変化することへの対応がとても重要になります。その中核にあるのが，小学校では一教員の力量の中で行われることが多かった教育的支援を中学校の多くの教員でもできるように的確に伝えることです。この際の必須ツールとなるのが個別移行支援カルテ【中学校進学版】です。このカルテの項目は前項で示した中学校教員が小学校教員から受け取りたい教育支援情報に関する質問紙調査の結果を反映させました。

2 作成の構え

　中学校期の生徒は身体的な成長だけでなく，精神的にも大人への自覚を持ち始める時期にあります。しかし同時に，子どものままでありたいと願う部分もあり，精神的に大きく成長が期待できる反面，大きく揺れる時期でもあります。こうした精神的な揺れへの対応は，合理的配慮を必要とする生徒の移行支援において，欠くことのできないとても重要な視点のひとつとなります。

　つまり，小学校から中学校への進学においては，小学校の学級担任によって学校生活全般にわたって行われてきた教育的支援を，個別移行支援カルテ【中学校進学版】を用いて，学級担任だけではなく，教科担任にも引き継ぎ，中学校においても学校生活全般にわたる教育的支援が展開されるようにしていきます。

　よって，小学校の学級担任によって作成される個別移行支援カルテ【中学校進学版】は，その内容や記述は中学校が教科担任制であることを意識し，一コマの授業の中では気付きにくいことや，複数の教科に共通して配慮するとよいことについて，具体的にその手立てまで含めて記述することが不可欠になります。

3 作成の手順

　個別移行支援カルテ【中学校進学版】の作成は，学級担任と保護者によって行われます。まず，最初に，学級担任が作成します。そして，特別支援教育に関係する校内の会議などの場で，特別支援教育コーディネーターや教育相談主任などによって，合理的配慮を必要とする児童

個別移行支援カルテ【中学校進学版】

　　　　　立　　　　　小学校　　　　　　　　　　　　　（取扱注意・複写厳禁）

児童氏名		性別：男　・　女	記載日	年　　　月　　　日
保護者氏名		印	記載者及び主な支援者	記載者；　　　　　　印　主な支援者

◇支援の方向性

◇本人の得意なこと・趣味　｜　◇保護者の進学に際しての思い・願い

◇学習活動に関する支援内容・方法

◇集団活動に関する支援内容・方法

◇学校生活全般における個別の配慮

◇小学校までの専門的支援

個々の理解やその支援方法について，中学校に伝えたいことを明確にしていきます。そして，学級担任を中心に作成した個別移行支援カルテ【中学校進学版】を保護者とさらに検討します。

　障害者差別解消法や改正学校教育法において，合理的配慮が必要な児童生徒の教育においては，本人とその保護者への合理的配慮に関する情報提供，そして，合理的配慮についての合意形成がその基本となっています。

【児童氏名・保護者氏名・記載日・記載者及び主な支援者】

　児童氏名，保護者氏名，記載日，記載者および主な支援者を記載します。記載者には担任を記入します。主な支援者には，中学校から生徒に関する問い合わせがあった際の窓口となる担当者を記載します。（案）を保護者に提示し，保護者との合意形成を図り，捺印をいただきます。

【支援の方向性】

　個別移行支援カルテ【中学校進学版】を作成する場合に必要なことは，児童の姿をどのように捉えるかということです。これは単に，何ができ，何ができないかという知識・技能を捉えれば済むことではなく，児童の興味や関心，欲求の指向，障害の状態などの様々な視点から，"子どもの姿の捉え"と"支援の方向性"について多面的に把握・理解することが大切になります。

　児童の全体を把握することを「支援の方向性」として記入していきます。その記載にあたっては，無理に多種の項目について述べる必要はありません。学級担任として捉えた児童の姿として，現在の姿が小学校での生活を共に送る上で，そして，進学先へ引き継いでいく上で，押さえておくべきものとして的確に示されることです。そして，「子どもの姿の捉え」をどう育むのか，すなわち，どう育ってほしいのかといった「支援の方向性」を明らかにします。

　この記入は，抽象的な表現ではなく，どんな子どもに育ってほしいのかの想定が可能となるものとして表現することが大切です。そのためには，どう育ってほしいのかの内容が具体的な願いとして挙げられるものかどうかを吟味してみることです。

　「支援の方向性」に表現される子どもの姿の捉えや教師として大切にしていることは，担任によるひとつの見方・考え方であり，担任自身の教育的見識の表現であるという性質を持っています。それゆえに，その見方・考え方をより妥当性の高いものとするため，自己研鑽に努めることが大切です。児童の教育支援に当たる者全ての意見交流を大いに行い，保護者から学ぶ姿勢も大切にしたいものです。

【本人の得意なこと・趣味】

　中学校での生徒理解の手がかりとなる大切な情報となります。得意なことや興味を持っていること，趣味などを記載します。また，得意な教科や部活動などもあれば記載しておくとよいでしょう。

【進学に際しての保護者の願い】

　保護者の中学校での生活への期待や不安などについて，個別懇談などで話された内容を保護者に確認して記載します。

【学習活動に関する支援内容・方法】

　学習に関する支援を小学校で行っていた場合に記載します。主な内容としては次の９点が挙げられます。中学校での教科担任制での支援をできるだけイメージし，より具体的で実現可能な支援内容とその手立てを記載します。

　　・提出物をもれなく提出するようになるための支援について
　　・提出物の期限を守るようになるための支援について
　　・授業に必要な道具を揃えるための支援について
　　・学校行事などのスケジュール管理に有効な支援について
　　・授業中に自分の考えを発言できるための支援について
　　・プリント学習における支援について
　　・当番活動や掃除に自ら取り組むようになるための支援について
　　・部活動へうまく参加するための支援について
　　・板書をノートに視写するための支援について

【集団活動に関する支援内容・方法】

　集団参加に関する支援を小学校で行っていた場合に記載します。主な内容としては次の４点が挙げられます。中学校教員が小学校教員よりもより強く必要としていることですので，中学校での予防的取組みに役立つように，学習の支援内容・方法で記載したように支援を行ったときの場面や生徒の状況，手立てなども合わせて記載するとよいでしょう。また，青年期に向かう中でこれまでよりも重要となってくる"友人関係"などで記載を必要とする場合は，この欄に記載をします。

　　・体育的活動や行事にスムーズに参加できるための支援について
　　・文化的活動や行事にスムーズに参加できるための支援について
　　・入学式や卒業式などの式典にスムーズに参加できるための支援について
　　・校外学習や宿泊行事にスムーズに参加できるための支援について

【学校生活全般における個別の支援】

　学習に関する支援内容・方法の成功例を記載します。中学校での予防的取組みに役立つように，支援を行ったときの場面や生徒の状況，その際に有効だった手立てなども合わせて記載しておくとよいでしょう。

　　・授業に集中して取り組めるための支援について
　　・学習内容の理解や，記憶を助けるための支援について
　　・感情の強い起伏が生じた際の対応の仕方について

・学級内での人間関係づくりの支援について
・教師や生徒とのコミュニケーションの支援について

【小学校までの専門的支援】

小学校までに受けていた専門的支援機関の利用があれば記載します。
・小学校までの校内の相談室などの利用内容について
・小学校までの校内の相談室などの利用状況について
・小学校までの校外の適応指導教室などの利用内容について

＊記載例Ⅰ　（通常の学級）

個別移行支援カルテ【中学校進学版】

　　　　　立　　　　　　小学校　　　　　　　　　　　　　　（取扱注意・複写厳禁）

児童氏名	性別：男　・　女	記載日	年　　　月　　　日
保護者氏名	印	記載者及び主な支援者	記載者；　　　　　　　印　主な支援者

◇支援の方向性
　学習（授業）にも真面目に取り組み，国語・算数・理科・社会は，ほぼ理解しており，挙手発表もできる。ただし，休み時間など子ども同士の活動になると，嫌なことを言ったとか言われたなどで友達との間でいさかいになる。本人に周りの状況や友達の気持ちを伝えたり，適切な気持ちの伝え方を教えたりしている。

◇本人の得意なこと・趣味	◇保護者の進学に際しての思い・願い
○算数や理科を得意としており，算数や理科のテストは，ほぼ100点をとる。 ○円周率を100桁近くまで覚えている。 ○恐竜や宇宙の話をし始めると止まらない。	○母親は，中学校で部活などが始まると，先輩とうまくいくかを心配に思われている。 ○父親は仕事が忙しいために，学校などへの相談は母親が中心になって取り組まれている。

◇学習活動に関する支援内容・方法
○予定変更があるといつまでもそのことが気になるので，変更がありそうな時にはあらかじめ伝えるようにする。
○低学年，中学年の時には，一斉指示では活動内容が分かりづらく，活動に乗れないことがあったため，一斉指示後，個別の確認するようにしている。

◇集団活動に関する支援内容・方法
○学級遊びで負けた時などに，「お前のせいだ」などと言ってしまってトラブルになることがよくあった。そこで「とても悔しかったんだね」と気持ちによりそい，周りの友達も悔しかったに違いないということを伝え，そういう時は，「悔しい～。次は頑張ろう」などと言うとよいことを教える。その様な言葉が出てきたときには，ほめるようにしたことで，少しずつトラブルが少なくなってきた。
○宿泊研に向けて，保護者に協力してもらい，一緒に日程などを確認してもらった。その結果，積極的に活動に参加することができた。

◇学校生活全般における個別の配慮
○本人は，自分がASDであることを知っている。学校が知っていることも知っている。
○全体の中では「苦手さ」として接するようにしている。

◇小学校までの専門的支援
○小学校6年生まで，○○小学校のLD・ADHD等の通級指導教室に，週1回通って指導を受ける。
○通級指導教室では，うまく自分の気持ちを伝える練習をしてきた。
○□□クリニックに定期的に通う。
○ASDの診断がある。コンサータ錠　朝食後○mg　夕食後○mg服用。

＊記載例Ⅱ（通常の学級）

個別移行支援カルテ【中学校進学版】

立　　　　　小学校　　　　　　　　　　　　　（取扱注意・複写厳禁）

児童氏名	性別：男　・　女	記載日	年　　月　　日
保護者氏名	印	記載者及び主な支援者	記載者；　　　　　　　印　主な支援者

◇支援の方向性
　学級遊びも積極的に参加する。やさしく，下学年の子の接し方もうまい。よく気付き手伝いをする。忘れ物が多く，整った字を書くことが難しい（走ったように書く）。また，落ち着くと反省できるが，衝動的にかっとなって手が出ることがある。そこで，自分にそのような特性があることを理解し，コントロールできるように支援している。

◇本人の得意なこと・趣味	◇保護者の進学に際しての思い・願い
○体育，特にバスケットボールが好き。休み時間には，運動場のバスケットゴールで，友達とよくバスケットボールをしている。 ○家庭ではテレビゲーム，あやとり，トランプゲームをすることが多い。	○母，父ともに協力的。懇談でも，来ることができれば父も一緒に来る。生活のリズムを家族で協力して整えようとしている。特に就寝時間は，21時までには寝るようにしている。 ○忘れ物が多く，字が汚く学習に遅れがちなので，中学校の学習についていくことができるか心配している。

◇学習活動に関する支援内容・方法
○学習用具を揃えることができるように，予定帳をきちんと書いたか確認する。そして，必ず要るものについては，帰りがけに声をかける。
○字を書く時には，ゆっくり丁寧に書くように声をかける。
○テストやプリントにおいて，自分の名前だけは，整えて書くように指導した。書けたら，必ず確認してほめるようにしている。

◇集団活動に関する支援内容・方法
○イライラし始めたら（「心の信号が黄色になったら」と言っている），先生に言うように話す。その時には，場所を替えて落ち着いた場所にて話を聞き，クールダウンの場所を用意する。また，そうやって教師に心の状態を伝えることができたことをほめるようにした。この結果，自分で気持ちをコントロールできることが多くなり，周囲の者にちょっかいを出すことは少なくなった。

◇学校生活全般における個別の配慮
○保護者と連携し，定期的に相談したり話したりする機会をつくっている。
○学級の中でも，自分がコントロールできるようになってきた姿をほめ，下学年の子に上手に接することができるA児の良さを位置付けるようにしている。

◇小学校までの専門的支援
○小3時，○○クリニックで，ADHDの診断を受ける。
○毎月，一回，診察及びカウンセリングに通っている。
○コンサータ錠　朝○mg服用　夕○mg服用している。

＊記載例Ⅲ（通常の学級）

個別移行支援カルテ【中学校進学版】

　　　　　立　　　　　　　小学校　　　　　　　　　　　　　　（取扱注意・複写厳禁）

児童氏名		性別：男　・　女	記載日	年　　　月　　　日
保護者氏名	印		記載者及び主な支援者	記載者；　　　　　　　印　主な支援者

◇支援の方向性
　係の仕事に真面目に取り組むことができる。穏やかで周囲とのいさかいも少ない。しかし，6年生の学習をしていくことが難しく，授業内容もなかなか理解することができない。学校では，教師の声掛けだけでなく，周りの友達にも手伝ってもらったりすることが多い。家庭では，土日に，基本の練習をしている。

◇本人の得意なこと・趣味	◇保護者の進学に際しての思い・願い
○漢字（家庭で繰り返し練習をしており，該当学年の漢字は書くことができる）。 ○体育（走るのは速い，特に持久走は強い）。ただし，縄跳びや，ハードルなどリズム感のあるものは難しい。 ○少年野球に入っている。	○母親は，中学校では，このまま通常の学級で学習を続けていくことは難しいと考えている。本人の将来のためには，特別支援学級もよいと思っている。 ○将来を見据えての就学相談を進めてきたが，両親の子どもへの思いにやや相違がある。

◇学習活動に関する支援内容・方法
○一斉指示の後，やることが分かっているか確認するために声をかける。
○班や隣の子に協力してもらい，困っている時には助けてもらえるようにしている。
○算数では，少人数クラスで指導を受けている。
○保護者と相談し，週末には，別課題の宿題をする。国語や算数の3年生～4年生の復習をしている。その結果，テストを，全く白紙で出すことはなくなった。

◇集団活動に関する支援内容・方法
○真面目に自分の仕事に取り組む姿などを，学級の仲間の前で位置付けるようしている。

◇学校生活全般における個別の配慮
○学級には誰でも得意な事も苦手な事もあることを話し，A児のよさを，学級の中で位置付けるようにしてきた。

◇小学校までの専門的支援
○幼稚園の時は，市の療育センターへ定期的に通っていた。
○小学校2年生までは，言葉に置換があり，言語通級指導教室に通っていた。
○市の教育支援委員会より，知的障害特別支援学級入級の判定があっている。

Ⅳ 中学校から高等学校への移行支援

1 中学校から高等学校への移行支援の基本的考え方

1 現状と課題

① 中学校から高等学校への引継ぎ体制

特別支援学級在籍生徒・通級による指導対象生徒

　障害のある幼児児童生徒への"合理的配慮"の内容を個別の教育支援計画に明記し，進学・転学など移行時の適切な引継ぎを求めた2012年7月の中央教育審議会答申を受けて，高等学校においても進学時に個別の教育支援計画の引継ぎを受け，障害のある生徒について，中学校から継続した支援とその充実を図ることが求められています。

　しかしながら現状においては，中学校で作成された個別の教育支援計画が進学先である高等学校に確実に引き継がれているとは言えません。こうした状況の中で，例えば，岐阜県教育委員会は2015年11月に，進学に伴う学校種間の確実な引継ぎに関する『障がいのある幼児児童生徒に対する一貫した支援のための「個別の教育支援計画」の作成と活用，確実な引継ぎの徹底について（通知）』を示しました。このような通知もあり，個別の教育支援計画の引継ぎがこれまではほとんどみられなかった岐阜県の公立高等学校においても，平成27（2015）年度公立中学校特別支援学級に在籍をした中学校3年生のうち，55.6％の生徒の個別の教育支援計画が引き継がれるようになっています[注]。また，通級による指導を受けた生徒の42.2％の個別の教育支援計画が高等学校を中心とする進学先などへ引き継がれるようになってきています[注]。

　その一方で，中学校の特別支援学級や通級指導教室に在籍した生徒の個別の教育支援計画が中学校から高等学校へ引継ぎがなされなかった理由の検討も重要になると考えます。中学校が高等学校への引継ぎを実施しなかった理由としては，表4-1に示したように，『保護者から引き継がないでほしいとの意向が示された』（54.2％）場合が一番多くなっています。高等学校進学という新しい生活環境で心機一転させたいという保護者の気持ちの表れでもあろうと考えます。そして二番目の『進学先の高等学校から要請がない』（25.0％）は，高等学校側が，個別の教育支援計画について，その内容および教育支援上の価値を見いだせていないことを示していると考えます。それは，『進学先の高等学校に口頭や別紙で引き継いだ』（14.6％）も同様であり，高校入試合格発表後に開催される"中学校高等学校生徒指導連絡会"などでの情報伝達で十分と考えているものと思われます。ただし，この会議で中学校から提供される情報は，"高等学校での学級編成上の情報"から"合理的配慮を必要とする生徒の情報"まで多岐にわたるのが現状です。そのため，障害のある生徒の個別の教育支援計画の内容までを深く網羅することはできていないのが現状です。

表4-1　個別の教育支援計画が中学校から高等学校へ引き継がれなかった事由[注]

事　由	％
保護者から引き継がないでほしいとの意向が示された	54.2
進学先の高等学校から要請がない	25.0
進学先の高等学校に口頭や別紙で引き継いだ	14.6
高校進学時に引継ぎの必要性を感じない	6.2

不登校やいじめなどの課題をかかえた生徒，生徒指導上の課題のある生徒

　高等学校においても，特別な教育的支援が必要な生徒は，障害のある生徒だけでなく，不登校やいじめなどの課題をかかえた生徒，生徒指導上の課題のある生徒も含まれます。特に，後者は対象者全員の個別の教育支援計画が中学校で作成されているわけではありません。高等学校進学後，こうした課題をかかえた生徒が学校生活に適応できない場合，当該生徒の中学校における支援や配慮の状況を引き継ぎ，高等学校での指導に生かすことが必要となります。

　そのため，例えば岐阜県では，こうした生徒の中学校での配慮事項，指導方法とその成果，指導の継続について協議する場として，中学校高等学校生徒指導連絡会を設けており，毎年高校入試の合格発表後，中学校と高等学校の担当者が集まる会議で，主に口頭で中学校から高等学校への引継ぎを行っています。しかし，この会議では時間的な制約と，高等学校が実際の生徒を理解していない中で中学校から多数の入学予定者の情報を得なくてはならず，中学校での指導や配慮事項を聞くことが中心となっています。

②　高等学校の意識

　インクルーシブ教育システムの構築や高等学校における通級による指導の検討が進められている現状などもあり，岐阜県教育委員会は中学校から個別の教育支援計画の引継ぎのあった高等学校長への質問紙調査を行っています[注]。その結果において，「生徒が中学時にどのような支援を受けてきたか把握でき，高等学校入学後にスムーズな対応ができる」「事前に具体的な情報を得ることで，保護者や本人と話しやすい」「病気，投薬などについて事前に知ることができ，対応策をとることができる」「個別の支援計画をもった生徒は，望ましい支援を受けてきた生徒であり，高等学校側としても，それを受けて継続指導していこうという意欲，使命感につながる」など，中学校から引き継がれる個別の教育支援計画についてその意義や教育上の価値を多くの高等学校長は認めています。その一方で，「高等学校入学を機に，今まで以上に頑張ろうとして入学してくる生徒及び保護者に対する合理的な配慮や支援の在り方が難しい」「高等学校入学前の事前情報を担任などが過大視しすぎたり，先入観をもち過ぎたりしないようにする配慮が必要になる」「高等学校は，中学校のように通級指導教室がないので個別対応が中学校と比べ難しい」など，実際の教育支援の場での活用の仕方や教育支援の在り方への不安を持つ高等学校長の意見もありました。

加えて，中学校から個別の教育支援計画を引き継ぐ高等学校教員の意識改革が大きな課題となっています。例えば，岐阜県公立高等学校で，平成27年度に個別の教育支援計画を作成した学校は10.6％，個別の指導計画を作成した学校は12.1％となっています。中学校から引継ぎがあったが高等学校で個別教育支援計画を作成していない理由として，「保護者や本人と定期的に懇談を持ち，意思疎通をしているが本人が作成を希望していないため」「学校の支援体制において，特に本人が困難さを感じることなく学校生活に取り組んでいる」「生徒の様子を見て，クラスの中で特段の配慮がなくともやっていけると判断したため」などの意見が示されています[注]。高等学校における支援の充実と継続性を考えたとき，高等学校教員の個別の教育支援計画の有効性についての認識を高め，中学校から引き継いだ個別の教育支援計画の高等学校内での扱いを明確化しておかなければなりません。そのためには，障害のある生徒を受け入れる高等学校教員が個別の教育支援計画の取り扱いと，支援のために活用する意識を向上させる研修等具体的な取り組みが必要となってきます。

　なお，岐阜県教育委員会は，こうした状況も踏まえ，2016年12月に，中学校から公立高等学校への個別の教育支援計画の確実な引継ぎのための中高連携システムと留意点を示しました。

2 今後の展望

　高等学校へ入学後，中学校において合理的配慮を必要とした生徒の全てが高等学校の学校生活に適応できないわけではありません。中学校で不登校や問題行動を起した生徒の中には，心身の成長がみられ，また，新しい高等学校の生活環境の中で学校生活に適応する者もたくさんいます。しかしながら，中学校での生活で特別な教育的支援を必要とした生徒の多くは，高等学校の生活についても不安を抱え，適応できない状況に陥る傾向にあります。

　そのため，高等学校の教育支援において，障害のある生徒と課題をかかえる生徒を区別することは難しいと考えます。現在多くの高等学校には，不登校傾向にある生徒，生徒指導上の問題を起こす生徒，家庭環境に配慮が必要な生徒，いじめなどの交友関係に課題をかかえる生徒，心身の健康問題をかかえる生徒など，課題をかかえる生徒がいます。その対応には，中学校における生徒の状況と教育的配慮および支援の内容を知ることが有益です。しかし，現状では，問題が顕在化し，特別な支援，指導が必要になったときに改めて出身中学校側と協議し，適切な教育支援の参考とすることも少なくありません。前述した中学校高等学校生徒指導連絡会では，生徒の情報は主に口頭などで提供されますが，これにより対象生徒の中学校での教育支援の全体像が理解できるものでもありません。

　この点を考えると，課題をかかえる生徒の支援に必要な項目に関して，特別支援学級や通級による指導で作成される個別の教育支援計画と指導計画に加え，新学習指導要領から導入される見込みである個人カルテが作成されての引継ぎがなされることが望ましいと考えます。そし

て，教育的な支援を進める際に有効な教育情報となるよう，中学校での配慮事項や指導方法とともに，次項で示す高等学校教員を対象とした調査結果から明らかになった「疾病に関する情報」「家庭生活に関する情報」「友人関係等集団活動に関する情報」などの高等学校教員が必要としている教育情報として含めておくことも不可欠になります。

　しかし，中学校と高等学校では課題をかかえる生徒が必ずしも一致しないことや，不登校やいじめなどの課題をかかえた生徒，生徒指導上の課題のある生徒にまで範囲を広げたものの作成には検討の時間が必要です。そこで，当面の間，現状ある中学校と高等学校が連携する仕組みを各地区で有効に動かし，高等学校と中学校が常に情報共有できる体制を確立することで，個別の教育支援計画，個別の指導計画，さらに，個人カルテの内容に匹敵する必要な情報を入手し，高等学校における教育支援に反映させることが必要になると思われます。

　そして，引継ぎされた個別の教育支援計画を活用し，支援内容を検討し明記していくとともに高等学校でも個人カルテや個別の教育支援計画，個別の指導計画を実際に作成し，そこに反映する校内でのシステムづくりと支援コンテンツの開発が必要になります。こうしたシステムづくりや開発には，このことに関するノウハウを蓄積している特別支援学校との今まで以上に密接な連携協力体制の構築が求められることになります。このようなシステムづくりや開発を行うことは，高等学校における特別な支援を必要とする生徒の教育支援のさらなる充実には必要なことと考えます。

●注
平成28年度第2回および第3回岐阜県公立高等学校・特別支援学校長会議に岐阜県教育委員会から提供された資料に基づいて筆者が作成しました。

2 高等学校入学者選抜における合理的配慮

1 大学入学者選抜と高等学校入学者選抜における障害のある受験生・受検生への対応

① 大学入学者選抜

　大学入学者選抜は，文部科学省が毎年度5月に通知するその年度の『大学入学者選抜実施要項』に基づいて実施されています。この通知において，障害のある受験生への配慮として『その能力・適性，学習の成果等を適切に評価するために必要な合理的配慮を行い，障害のない学生と公平に試験を受けられるように配慮する』（資料8参照）と明示されています。

② 高等学校入学者選抜

　高等学校入学者選抜は学校教育法施行規則において表4-2のように規定され，各教育委員会が行うものとされています。加えて，文部省（当時）は1966年「公立高等学校の入学者選抜について（通達）」にて各教育委員会の主体性重視の方向性を示しています。

表4-2　高等学校入学者選抜に関する法規定（学校教育法施行規則）

第九十条　高等学校の入学は，第七十八条の規定により送付された調査書その他必要な書類，選抜のための学力検査の成績等を資料として行う入学者の選抜に基づいて，校長が許可する。 5　公立の高等学校に係る学力検査は，当該高等学校を設置する都道府県又は市町村の教育委員会が行う。

　そして，障害のある受検生への対応について，表4-3に示したような通達・通知が示されています。1963年，1966年の通達では障害のある生徒の受け入れには慎重である旨が示されています。その後，1993年には身体障害のある受検生への配慮，1997年には障害のある受検生への配慮が通知されています。しかしその後は，2007年の『特別支援教育の推進について（通知）』に試験などの評価上の配慮として『入学試験やその他試験などの評価を実施する際にも，別室実施，出題方法の工夫，時間の延長，人的な補助など可能な限り配慮を行うこと』（資料5参照）は示されているものの，高等学校入学者選抜における障害のある受検生への対応の方針は示されていません。

表4-3　高等学校入学者選抜における障害のある受検生への対応に関する通達・通知

1963年・1966年　公立高等学校の入学者選抜について（通達）
・高等学校の目的に照らして，心身に障害があり修学に堪えないと認められる者その他高等学校の教育課程を履修できる見込みのない者をも入学させることは適当でない。

1993年　高等学校の入学者選抜について（通知）
・身体に障害のある生徒については，単に障害のあることのみをもって高等学校入学者選抜において不合理な取扱いがなされることがないよう，選抜方法上の工夫など適切な配慮を行うこと。

1997年　高等学校の入学者選抜の改善について（通知）
・障害のある者については，障害の種類や程度等に応じて適切な評価が可能となるよう，学力検査の実施に際して一層の配慮を行うとともに，選抜方法の多様化や評価尺度の多元化を図ること。

2　高等学校入学者選抜における障害のある受検生への配慮の現状

　文部科学省初等中等教育局児童生徒課は，毎年度，高等学校入試実施状況調査を実施しています。その調査の中の1項目である『6．障害のある生徒に対する配慮』に関する情報開示請求を2013年2月21日に行い，2013年3月1日に平成24年度実施分の情報提供を受けました[1]。以下，その調査結果の概要を示します。

① 障害のある受検生への配慮についての方針や具体的な手続き実施の有無

　質問項目「障害のある生徒への配慮についての方針や具体的な手続きを定め，受検生などに対して示している」かの問いに対し，46都道府県教育委員会は何らかの対応をしていると回答していました。ただし，表4-4のように詳細に示していると回答している教育委員会があるものの，『個別に対応』とのみ回答する教育委員会もあり，その回答は様々な状況でした。このように，障害のある受検生への配慮においても，各教育委員会の主体性の方向性が保たれているのが現状です。なお，残りの1教育委員会は無回答でした。

② 障害のある受検生への配慮の実施内容

　平成24年度の高等学校入学者選抜において，障害のある受検生への対応状況は表4-5のように全国で2,296件（延べ数）が実際に行われています。対応件数が多かった障害種の上位3件は聴覚障害778件，肢体不自由375件，病弱・身体虚弱276件でした。そして，対応内容として多かった上位3件は別室受験564件，会場・座席位置の配慮350件，補聴器，拡大鏡，車椅子などの補助具の使用274件でした。
　ただし，配慮申請の状況が自治体によって異なりますので一概には言えませんが，実施状況は教育委員会によって大きく異なっています。

表4-4　障害のある受検生への配慮についての方針や具体的な手続きの回答例

- 難聴者，弱視者，その他身体の不自由な者等で，学力検査の受検及び入学後の指導に当たって，特に配慮する必要のある者については，あらかじめ出願先県立高等学校長に直接その事情を連絡し，別に，①できるだけ詳細な身体等の状況及び学校で配慮している措置，②受検に当たって配慮してほしい措置，③入学後，県立高等学校において特に配慮する必要のある措置又は指導上留意すべき事項を記入した「身体等の状況の記録」を作成し，健康診断書など，「身体等の状況の記録」に記載した内容を証明する書類を添付して提出するよう，入学者選抜要項で定めている。また，県内6地区で行う入学者選抜要項説明会で，各中学校の担当教員に対し，手続に遺漏のないよう説明している。
- 毎年度策定する「○○立高等学校入学者選抜実施要綱」において，障害のある受検者に対する措置を「特別措置」として規定している。受検者に対しては，この特別措置について，パンフレットや募集案内により周知している。また，受検者は，在籍する中学校長を経由して特別措置の申請を行うことから，中学校向けの説明会の中でも，特別措置の制度について，説明を行っているところである。
- 大学入試センター試験における特別措置の規準に準じて，障害の種類・程度に応じて個別に措置内容を決定することとしている。具体的な手続は，中学校長が志願先の高校を経由して県教育委員会あてに申請書を提出することとなっている。県教育委員会は，中学校・高校・本人・保護者の4者で行われる協議の結果を参考に措置内容を決定し，志願先の高校を経由して中学校に通知する。手続の方法は，入学者選抜要項に記載するとともに，中学校・高校の入試事務関係職員を対象とした入試要項説明会においても説明する。

● 文献

1) 坂本　裕・衣斐小夏（2014）：高等学校入学者選抜における障害のある受検生への合理的配慮に関する情報公開についての調査研究．発達障害研究，第36巻2号，180-195．

表4-5　平成24年度の高等学校入学者選抜における障害のある受検生への対応状況

配慮内容＼障害種	視覚障害	聴覚障害	知的障害	肢体不自由	病弱・身体虚弱	言語障害	情緒障害	自閉症	LD	ADHD	その他	障害不明	合計
問題用紙・解答用紙の拡大	53	0	3	18	3	0	0	2	2	1	7	0	89
口述筆記	1	0	13	5	2	0	0	0	0	0	1	0	22
出題文の漢字にルビを振る	0	0	8	0	0	0	0	0	1	0	0	5	14
問題文の読み上げ	1	2	23	2	0	0	0	2	1	1	3	0	35
面接の順番を配慮	1	1	20	3	7	0	3	3	0	0	5	0	43
集団面接を個人面接で実施	0	10	4	5	15	5	3	6	1	0	1	0	50
集団面接での話し方の配慮	0	71	23	3	0	3	4	5	0	1	8	5	123
ヒアリング試験での配慮・免除	14	105	1	3	1	0	0	0	0	0	1	0	125
受験での指示・注意事項を文書で提示	5	56	0	0	0	0	0	1	0	1	0	1	64
時間延長	11	9	4	27	2	0	0	5	1	1	28	6	94
会場・座席位置の配慮	25	225	0	50	24	0	3	5	0	1	17	0	350
別室受験	42	147	34	67	106	3	21	25	3	5	103	8	564
机・いす等の配慮	7	2	0	30	13	1	1	0	0	0	10	1	65
文房具の配慮	0	2	0	4	1	0	0	0	0	0	4	0	11
補聴器、拡大鏡、車椅子等の補助具の使用	32	131	4	67	20	0	0	0	0	0	20	0	274
薬服用、インシュリン注射等の配慮	0	0	0	3	19	1	0	0	0	0	10	0	33
介助者の同席	4	1	33	18	7	1	0	3	0	0	2	0	69
保護者等の別室待機	3	1	11	39	19	0	4	1	0	0	18	0	97
その他	3	15	31	31	37	3	4	12	0	1	35	2	174
合計	202	778	212	375	276	17	43	70	9	13	273	28	2296

Ⅳ　中学校から高等学校への移行支援

3 高等学校教員が中学校教員から受け取りたい教育支援情報

1 はじめに

　近年，中学校通常学級に在籍する合理的配慮を必要とする生徒は増加傾向にあります。加えて高等学校への進学率も98％以上となり，義務教育にまで近い実態です。このような背景から合理的配慮を必要とする生徒が高等学校へ進学するケースもあり，高等学校においても特別な教育的支援を必要とする生徒が1.0％から2.6％は在籍するとの報告もあります[4]。そのため，中学校から高等学校への移行支援が喫緊の課題のひとつとなっています。

　義務教育段階を終え，入学検定を受けての進学となる高等学校への移行時の教育支援情報の引継ぎに活用できる個別移行支援カルテ【高等学校進学版】の項目を明らかにするため，高等学校の先生方を対象とした「高等学校の先生方が中学校から引き継ぎたい教育支援情報」に関する質問紙調査を行いました。そして，個別移行支援カルテ【高等学校進学版】を作成する際に，中学校の先生方が高等学校の先生方と中学校の先生方との教育支援情報の必要度の違いを理解しておけるように，その相違についても検討しました。

2 調査の方法

① 対象

　A県内高等学校教員238名，A県B市立中学校教員125名

② 時期

　高等学校2014年7月　中学校2014年9月

③ 手続き

　高等学校4校282名（県立普通科70名，県立専門学科106名，県立定時制課程単位制43名，私立普通科63名），中学校5校150名に質問紙調査を行いました。なお，調査対象者に文書で自由意思回答，匿名性などを示し，同意を得た者に回答していただきました。高等学校は250名（回収率88.7％）の回答が得られ，記載に不備のあった12名を除いた238名を分析の対象としました。中学校は127名（回収率84.7％）の回答が得られ，記載に不備のあった2名を除いた125名を分析の対象としました。

④ 調査項目

各地の教育委員会が示した項目（資料9参照）と先行研究[1)2)]を参考にし，項目の内容や表現を検討し，障害児教育学を専門とする大学教員2名，現職院生6名（中学校勤務経験院生3名，高等学校勤務経験1名，特別支援学校経験2名）の計8名にて，中学校通常の学級に在籍する合理的配慮を必要とする生徒の高等学校への進学時に高等学校教員が受け取りたいと推測される教育支援情報として表4-6に示した43項目を選定しました。そして，中学校通常の学級に在籍する合理的配慮を必要とする生徒の高等学校への進学時に当たっての引継ぎの必要度を5件法（5.すごく思う，4.わりに思う，3.やや思う，2.あまり思わない，1.少しも思わない）にて尋ねました。

⑤ 分析方法

【因子構造】

高等学校教員が中学校通常の学級に在籍する特別な教育的支援を必要とする生徒の高等学校への進学時に受け取りたい教育支援情報を明らかにするために因子分析（一般化された最小2乗法，オブリミン法）を行いました。因子負荷量｜.40｜に満たない項目が生じたり，1因子2項目が生じたりした際は，その項目を削除し，再解析しました。

さらに，Cronbachのα係数による信頼係数にて尺度の内的一貫性を検証しました。なお，各因子名については〈 〉で示しました。

【必要度の差違】

高等学校教員が受け取りたい教育支援情報と中学校教員が引き継ぎたい教育支援情報の必要度の差違を明らかにするため，高等学校教員，中学校教員の回答得点を比較分析しました。統計処理にはSPSSver.23.0を用いました。

3 調査の結果

① 高等学校教員が受け取りたい教育支援情報

1回目の因子分析で因子負荷量｜.40｜に満たない5項目，2回目で6項目，3回目で1因子2項目となった2項目を除外しました。4回目の回転後の因子負荷量は表4-7のとおり，30項目いずれも｜.40｜以上であり，全因子ともに3項目以上となりました。KMO測度.928，バーレットの球面性検定$p<.01$で優位に単位行列とは異なり，因子分析を適用させることの妥当性が保証されました。カイザーガットマン基準とスクリープロット基準に従って5因子構造と判断しました。

各因子の因子名は因子負荷量｜.70｜以上の項目に着目し，第1因子は「提出物の期限を守るようになるための支援について」「提出物をもれなく提出するようになるための支援につい

表4-6　合理的配慮を必要とする生徒の進学時に高等学校教員が受け取りたい教育支援情報に関する質問事項

Q高1：生活習慣面の支援について
Q高2：学級内での「人間関係づくり」の支援について
Q高3：感情の強い起伏が生じた際の対応の仕方について
Q高4：学習・生活環境の変化への戸惑いへの対応について
Q高5：教師や生徒とのコミュニケーションの支援について
Q高6：学習や生活を計画的に進めるための支援について
Q高7：同じ高校に入学した親しい友人に関する情報について
Q高8：部活動へうまく参加するための支援について
Q高9：体育的活動や行事にスムーズに参加できるための支援について
Q高10：文化的活動や行事にスムーズに参加できるための支援について
Q高11：校外学習や宿泊行事にスムーズに参加できるための支援について
Q高12：入学式や卒業式などの式典にスムーズに参加できるための支援について
Q高13：中学校までの校外の相談室などの利用状況・内容について
Q高14：中学校までの校内の適応指導教室などの利用状況・内容について
Q高15：パソコンなどの操作が、記憶を助けるための支援について
Q高16：学習内容の理解や、記憶を助ける支援について
Q高17：学習目標を効率よく達成するための支援について
Q高18：プリント学習における支援に関する情報について
Q高19：板書やノートに視写するためになるための支援について
Q高20：提出物の期限を守れるようになるための支援について
Q高21：提出物をもれなく提出するようになるための支援について
Q高22：学校行事などのスケジュール管理に有効な支援について

Q高23：教師の指示や話の内容を理解するための支援について
Q高24：進路選択や決定をスムーズに行うための支援について
Q高25：中学校で主に支援に当たっていた教職員について
Q高26：本人の興味や関心のある対象について
Q高27：家庭での過ごし方について
Q高28：保護者の教育方針について
Q高29：主たる養育者について
Q高30：保護者との連絡方法について
Q高31：家族関係について
Q高32：病院などの専門機関との連携について
Q高33：心理検査（知能検査など）の結果に関する情報について
Q高34：専門家による診断に関する情報について
Q高35：服薬について
Q高36：てんかん発作などへの配慮について
Q高37：食物などのアレルギー反応について
Q高38：特定の音や臭いへの感覚過敏について
Q高39：心臓などの内臓疾患について
Q高40：精神的不安定さがみられた時の支援法について
Q高41：色弱や視野狭窄などの視機能への支援について
Q高42：難聴などの聴覚機能について
Q高43：マヒなどに対応するための校内の施設・設備について

表4-7 合理的配慮を必要とする生徒の進学時に高等学校教員が受け取りたい教育支援情報の因子構造

項目	因子負荷量				
	I	II	III	IV	V
第1因子〈学習活動に関する情報〉（a = .958）					
Q高20：提出物の期限を守るようになるための支援について	.937	.012	−.072	.126	−.137
Q高21：提出物をもれなく提出するようになるための支援について	.906	−.012	−.080	.158	−.130
Q高17：学習目標を効率よく達成するための支援について	.845	−.039	.097	−.098	.140
Q高18：プリント学習における支援に関する情報について	.790	−.028	.139	−.072	.076
Q高16：学習内容の理解や，記憶を助けるための支援について	.757	.006	.141	−.097	.139
Q高19：板書をノートに視写するための支援について	.749	.081	.028	−.105	.129
Q高22：学校行事などのスケジュール管理に有効な支援について	.694	.046	.157	.122	−.077
Q高23：教師の指示や話の内容を理解するための支援について	.684	.029	−.015	.115	−.137
Q高24：進路選択や決定をスムーズに行うための支援について	.585	.625	−.022	−.001	.135
Q高6：学習や生活を計画的に進めるための支援について	.534	−.011	.117	.227	−.101
第2因子〈疾患に関する情報〉（a = .834）					
Q高37：食物などへのアレルギー反応について	−.023	.945	−.019	.061	−.183
Q高36：てんかん発作などへの配慮について	.039	.757	−.082	−.034	.135
Q高39：心臓などの内疾患について	−.021	.749	.161	−.103	.083
Q高38：特定の音や臭いへの感覚過敏について	.048	.620	.038	.134	−.010
第3因子〈集団活動に関する情報〉（a = .930）					
Q高9：体育的活動や行事にスムーズに参加できるための支援について	−.083	.015	1.014	.043	−.002
Q高10：文化的活動や行事にスムーズに参加できるための支援について	.168	.016	.804	.055	−.054
Q高11：校外学習や宿泊行事にスムーズに参加できるための支援について	.086	.039	.691	.043	.177
Q高8：部活動へうまく参加するための支援について	.197	.001	.559	.179	−.098
Q高12：入学式や卒業式などの式典にスムーズに参加できるための支援について	.295	.108	.488	−.020	.050
第4因子〈家庭生活に関する情報〉（a = .887）					
Q高27：家庭での過ごし方について	.047	−.065	.104	.808	.044
Q高26：本人の興味や関心のある対象について	.168	.020	.003	.752	−.117
Q高28：保護者の教育方針について	−.007	.027	.158	.693	.013
Q高31：家族関係について	−.064	.135	−.049	.621	.171
Q高29：主たる養育者について	.120	−.056	.086	.525	.231
Q高30：保護者との連絡方法について	.032	.136	.033	.518	.231
第5因子〈中学校までの専門的な支援に関する情報〉（a = .835）					
Q高13：中学校までの校外の適応指導教室などの利用状況・内容について	.016	.009	.052	.144	.744
Q高14：中学校までの校内の相談室などの利用状況・内容について	.046	.027	−.075	.006	.716
Q高34：専門家による診断に関する情報について	.064	.043	−.041	.069	.464
Q高32：病院などの専門機関との連携について	.081	.081	.047	.186	.456
Q高35：服薬について	.111	−.040	.240	.152	.423

$N = 238$，モデル全体の a 係数 .954

て」「学習目標を効率よく達成するための支援について」「プリント学習における支援に関する情報について」「学習内容の理解や，記憶を助けるための支援について」「板書をノートに視写するための支援について」などの項目から〈学習活動に関する情報〉の因子と命名しました。

また，第2因子は「食物などへのアレルギー反応について」「てんかん発作などへの配慮について」などの項目から〈疾病に関する情報〉の因子と命名しました。

そして，第3因子は「体育的活動や行事にスムーズに参加できるための支援について」「文化的活動や行事にスムーズに参加できるための支援について」などの項目から〈集団活動に関する情報〉の因子と命名しました。

さらに，第4因子は「家庭での過ごし方について」「本人の興味や関心のある対象について」などの項目から〈家庭生活に関する情報〉の因子と命名しました。

最後に，第5因子は「中学校までの校外の適応指導教室などの利用状況・内容について」

「中学校までの校内の相談室などの利用状況・内容について」などの項目から〈中学校までの専門的な支援に関する情報〉の因子と命名しました。

なお，α係数は第1因子.958，第2因子.834，第3因子.930，第4因子.887，第5因子.835，モデル全体.954となり，信頼性は確認できました。

② 高等学校教員と中学校教員の必要度の差異

Shapiro-Wilk 検定により各因子の尺度得点は高等学校教員，中学校教員ともに正規分布に従わないことが確認されたため，Mann-Whitney の U 検定を行いました。結果は表4-8に示したように，5因子ともに有意差は確認できませんでした。

表4-8　合理的配慮を必要とする生徒の進学時の高等学校教員と中学校教員の教育支援情報の重要度の捉え

	順位の平均		統計検定量 U
	高等学校教員	中学校教員	
第1因子〈学習活動に関する情報〉	180.47	184.91	14511.500
第2因子〈疾病に関する情報〉	175.55	194.28	13340.000
第3因子〈集団活動に関する情報〉	177.44	190.68	13790.500
第4因子〈家庭生活に関する情報〉	183.29	179.54	14568.000
第5因子〈中学校までの専門的な支援に関する情報〉	184.07	178.06	14382.500

4 高等学校教員が中学校教員から受け取りたい教育支援情報

高等学校教員への調査の結果から，中学校から高等学校への進学時に高等学校教員が受け取りたい教育支援情報として，〈学習活動に関する情報〉〈疾病に関する情報〉〈集団活動に関する情報〉〈家庭生活に関する情報〉〈中学校までの専門的な支援に関する情報〉が示されました。

中学校教員が小学校教員から受け取りたい教育支援情報は第3章にて示しましたが，高等学校教員が受け取りたいとした〈疾病に関する情報〉〈家庭生活に関する情報〉はありませんでした。〈疾病に関する情報〉は先行研究とした教育委員会作成の個別の教育支援計画の項目としては「健康・生活」「健康・身体機能」「身体機能面」「生活習慣，学習，周りの人との関わり，健康・医療状況」がありました。しかし，「健康・生活」「健康・身体機能」「身体機能面」を設定している個別の教育支援計画は特別支援学校高等部への進学も想定しての設定でした。〈家庭生活に関する情報〉は先行研究とした教育委員会作成の個別の教育支援計画の項目としては「これまで家庭で配慮してきたこと・引き続き配慮してほしいこと」「家庭での様子，入学後の学校生活に関する要望・期待など」はありましたが，本調査の項目「高31：家族関係について」「高29：主たる養育者について」「高30：保護者との連絡方法について」に該当する内容を含む項目はありませんでした。教育委員会は個人情報保護の視点から制限をしていること

も推測できます。しかし，高等学校は中学校と比較して学区が広いために前籍校や保護者との日常の連携が減少しがちであることや，中高連携は進路指導，学力向上が中心である[4]ために，高等学校教員が〈疾病に関する情報〉〈家庭生活に関する情報〉の教育支援情報を受け取りたい状況にあることがわかりました。

なお，高等学校は入学者選抜があるために中学校までの生徒集団の構成や学習状況，生活状況は大きく異なりますが，中学校と高等学校の教員間の教職に対する意識の差は対小学校教員ほどにはないとされています[5]。こうした傾向が今回の調査での高等学校教員が受け取りたい教育支援情報と中学校教員の受け渡したい教育支援情報への意識に明確な差異がない状況にも現れたものと考えます。

● 注
本節は「石原　隆・坂本　裕・伊藤智子・大林香織（2016）：通常の学級に在籍する特別な教育的支援を必要とする児童生徒の学校間の移行時における引継ぎ情報に関する調査研究．岐阜大学教育学部研究報告（人文科学），第65巻1号，161-167．」を再編集しました。

● 文献
1）石隈利紀（2013）：教師と保護者の連携の意義について教えてください．柘植雅義・石隈利紀（編著）：高等学校の特別支援教育Q＆A，金子書房，22-24．
2）石原　隆・坂本　裕・橋本　治（2014）：高等学校における合理的な配慮を必要とする生徒への合理的配慮に関する調査研究．岐阜大学教育学部研究報告（人文科学），第63巻1号，137-149．
3）国立特別支援教育総合研究所（2011）：発達障害支援グランドデザインVer.2．
4）特別支援教育の推進に関する調査研究者会議高等学校ワーキング・グループ（2009）：高等学校における特別支援教育の推進について（報告）．
5）山内久美・小林芳郎（2000）：小・中・高校教員の教職に関する自己認識．大阪教育大学紀要第Ⅳ部門，第48巻2号，215-232．

4 個別移行支援カルテ【高等学校進学版】の実際

1 はじめに

　個別移行支援カルテ【高等学校進学版】は前項で述べたような高等学校教員が中学校教員から受け取りたい教育支援情報に関する質問紙調査の結果を反映させました。高等学校教員と中学校教員との間に引き継いでおいた方がよいと捉える教育支援情報の項目について差異はないため，制度が整えば中学校から高等学校への情報交換は両校種の教員が共通の意識を持って行うことの可能性が示唆されました。合理的配慮を必要とする生徒がその持てる力を高等学校においても発揮できるよう支援を連続・継続させることは，送り出す側の中学校にとって重要なことと考えます。

2 作成の構え

　中学校で行ってきた生徒への支援方法を高等学校に引き継ぐことが大切です。そのため，具体的手立てがわかるような書き方でなければなりません。「～することで（手立て），～することができる（生徒に期待する姿）」や「～するためには（生徒に期待する姿），～するとよい（手立て）」といった端的な表現とすることが望ましくなります。できないことや周りの者が困る面ばかりではなく，"どのような場面で，どんな手立てがあればできたか""どのように支援したら生徒がうまく過ごすことができるのか"などの支援につながる良い面を端的に伝えることが重要です。加えて，記載にあたっては，保護者も理解できる表現にし，人権的な立場からも配慮するように努めます。また，その生徒の育ちを大切にし，他の者との比較や担任の憶測にならないよう留意します。なお，内容に個人的な情報を含んでいますので，取り扱いも十分な配慮が必要です。

3 作成の手順

　個別移行支援カルテ【高等学校進学版】の作成は，学級担任と保護者によって行われます。
　まず，最初に，学級担任が作成します。そして，特別支援教育に関係する校内の会議などの場で，教科担任などの者によって，合理的配慮を必要とする生徒個々の理解やその支援方法について，高等学校に伝えたいことを明確にしていきます。そして，学校で担任を中心に作成した個別移行支援カルテ【高等学校進学版】を保護者とさらに検討します。障害者差別解消法や

個別移行支援カルテ【高等学校進学版】

　　　　　立　　　　　　　中学校　　　　　　　　　　　　（取扱注意・複写厳禁）

生徒氏名		性別：男　・　女	記載日	年　　月　　日
保護者氏名		印	記載者及び主な支援者	記載者；　　　　　印　主な支援者

◇支援の方向性

◇本人の進学に際しての願い　　　　　　　　　◇保護者の進学に際しての思い・願い

◇本人の得意なこと・趣味　　　　　　　　　　◇家庭での主な支援者と連絡方法

◇学習活動に関する支援内容・方法

◇集団活動に関する支援内容・方法

◇中学校までの専門的支援

Ⅳ　中学校から高等学校への移行支援

改正学校教育法において，合理的配慮が必要な児童生徒の教育においては，本人とその保護者への合理的配慮に関する情報提供，そして，合理的配慮についての合意形成がその基本となっています。

【生徒氏名・保護者氏名・記載日・記載者及び主な支援者】

生徒氏名，保護者氏名，記載日，記載者および主な支援者を記載します。記載者には担任を記入します。主な支援者には，高等学校から生徒に関する問い合わせがあった際の窓口となる校務分掌担当者を記載します。（案）を保護者に提示し，保護者との合意形成を図り，捺印をいただきます。

【支援の方向性】

個別移行支援カルテ【高等学校進学版】を作成する場合に必要なことは，生徒の姿をどのように捉えるかということです。これは単に，何ができ，何ができないかという知識・技能を捉えれば済むことではなく，生徒の興味や関心，欲求の指向，障害の状態等の様々な視点から，"生徒の姿の捉え"と"支援の方向性"について多面的に把握し，理解することが大切です。

生徒の全体を把握することを"生徒の姿の捉え"として記入していきます。その記載にあたっては，無理に多種の項目について述べる必要はありません。学級担任として捉えた生徒の姿として，現在の姿が中学校での生活を共に送る上で，そして，進学先へ引き継いでいく上で，押さえておくべきものとして的確に示されることです。そして，"生徒の姿の捉え"をどう育むのか，すなわち，どう育ってほしいのかといった「支援の方向性」を明らかにします。この記入は，抽象的な表現ではなく，どんな生徒に育ってほしいのかの想定が可能となるものとして表現することが大切です。そのためには，どう育ってほしいのかの内容が具体的な願いとして挙げられるものかどうかを吟味してみることです。「支援の方向性」に表現される生徒の姿の捉えや教師として大切にしていることは，担任によるひとつの見方や考え方であり，担任自身の教育的見識の表現であるという性質を持っています。それゆえに，その見方や考え方をより妥当性の高いものとするため，自己研鑽に努めることが大切です。生徒の教育支援に当たる者全てでの意見交流を大いに行い，保護者から学ぶ姿勢も大切にしたいものです。

【進学に際しての本人の願い】

生徒本人が高等学校進学，もしくは将来についてどのような思いや願いを持っているのか，また，高等学校生活への希望などを記載します。また，進路学習などの情報を記載します。

【本人の得意なこと・趣味】

高等学校での生徒理解の手がかりとなる大切な情報となります。得意なことや興味を持っていること，趣味などを記載します。また，得意な教科もあれば記載しておくとよいでしょう。

【進学に際しての保護者の願い】

保護者の高校生活ならびに学校教育終了後への生活への期待や不安などについて，個別懇談などで話された内容を保護者に確認して記載します。

【家庭での主な支援者と連絡方法】

高等学校が保護者と連携をとるために有用な情報となります。家庭では誰が中心となって子どもへの支援を行っているか，その支援者との連絡方法などを記載します。

【学習活動に関する支援内容・方法】

学習に関する以下に示した7点のような支援が必要であった場合には，その生徒の様子に応じて工夫した手立てやその結果として成功事例を記載します。高等学校での予防的取組みに役立つように，支援を行ったときの場面や生徒の状況なども合わせて記載しておくとよいでしょう。

・提出物の期限を守ったり，もれなく提出したりするための支援について
・学習内容の理解や，記憶を助けるための支援について
・プリント学習を進めるにあたっての支援について
・板書の視写にあたっての支援について
・見通しをもって学校生活を過ごすための支援について
・教師の指示や話の内容を理解するための支援について
・進路選択や決定をスムーズに行うための支援について

【集団活動に関する支援内容・方法】

集団での活動の際に支援が必要であった場合に記載します。例えば，体育的，文化的行事への参加，校外学習や宿泊を伴う行事への参加，部活動への参加があります。

学習活動に関する支援内容・方法で述べたように，高等学校での予防的取組みに役立つように支援を行ったときの場面や生徒の状況なども合わせて記載するとよいでしょう。また，友人関係などを合わせて記載しておくと役立ちます。

・体育的活動や行事にスムーズに参加できるための支援について
・文化的活動や行事にスムーズに参加できるための支援について
・校外学習や宿泊行事にスムーズに参加できるための支援について
・部活動へうまく参加するための支援について
・入学式や卒業式などの式典にスムーズに参加できるための支援について

【中学校までの専門的支援】

中学校までに受けていた以下のような専門的支援機関の利用があれば記載します。

・中学校までの校外の適応指導教室などの利用状況・内容について
・中学校までの校内の相談室などの利用状況・内容について
・専門家による診断に関する情報について
・病院などの専門機関との連携について
・服薬の状況について

＊記載例Ⅰ（普通科進学）

個別移行支援カルテ【高等学校進学版】

　　　　立　　　　　　　中学校　　　　　　　　　　　　　　　　　（取扱注意・複写厳禁）

生徒氏名		性別：男・女	記載日	年　月　日
保護者氏名		印	記載者及び主な支援者	記載者；　　　　　印主な支援者

◇支援の方向性
　中学校入学当初から交友関係を築きたいとの思いはあるが，自分から話題を作って働きかけることが難しく，一人で過ごしていることがほとんどであった。そのため，学校相談員や気の合う教員が昼休みに関わりを持つようにし，終日，一人で過ごすことがないように配慮した。
　3年生の時には，高校進学に向けてできるだけ不安なく学校生活を過ごすことができるように，担任が学校生活に真面目に取り組む姿を励ます機会を設けたり，学校相談員と早期から話すことができる環境を作ったりした。
　集団場面での教師の一斉の指示では活動の内容や取り組む時間などを理解することが難しかった。そのため，一斉指示の前後に個別に伝えるようにした。

◇本人の進学に際しての願い
○新しくなった学級の仲間と楽しく学校生活が過ごせるようにしたい。
○一斉授業の授業形態では指示内容などがわかりにくいこともあるので，その都度質問できるようにしてほしい。
○黒板の板書が字だけだと分かりにくいので，図や絵なども使って説明してほしい。

◇保護者の進学に際しての思い・願い
○将来的には手に職をもって就労してほしい。
○集団での学習だけでは，学習内容が定着しないかもしれないので，中学校同様，個別に指導してもらえる時間があるとありがたい。

◇本人の得意なこと・趣味
○係活動などの担当したことは，責任をもって最後まで取り組む。
○読書が好きで，挿絵の多い推理小説などを主に読んでいる。中学校ではパソコン部に入るなど，パソコンに興味をもっている。

◇家庭での主な支援者と連絡方法
○家庭では母親が主な支援者である。
○母親は専業主婦であるが，携帯電話での連絡が取りやすい。

◇学習活動に関する支援内容・方法
○授業において分かることがあれば意欲的に自分の考えを話そうとする姿勢を大切にするため，授業中に挙手をしたらできるだけ指名するようにし，自分から授業に参加する機会を設けるようにした。
○全体指示での理解が難しいため，本人の理解の具合をできるだけ表情を教師が読み取れるように，机を前方にするようにした。このことで，教師は個別の対応ができるようになり，また，本人も指示の内容や学習の進度を教師に確認するようになってきた。
○美術や技術家庭科などの制作活動においては，制作全体の見通しを持ちにくいためか，教師に頻繁に助言を求めてきた。その際には，自分で見通しをもつことを考えることには重きを置かず，その都度具体的な助言を行い，制作活動をやり切ることに重きを置くようにした。このことで制作活動を，毎回，完成させることができるようになった。

◇集団活動に関する支援内容・方法
○体育的・文化的活動などにおいて，仲間と活動することをとても楽しみにしている姿が見られた。そのため，クラスマッチなどの苦手な活動の時であっても，クラスの一員として自分のできる範囲で精一杯取り組むことの大切さを教師が事前に話すことなどで，自分から楽しそうに活動する姿が見られた。

◇中学校までの専門的支援
○1年生から学校の相談室を昼休みに週1～2度利用し，学校相談員に不安なことや悩みを聞いてもらっていた。なお，特段の相談ごとがない時も学校相談員とクラフト作業をするなどして会話を楽しむ機会を作るようにした。加えて，相談室を使用しない日は気の合う教員と話す機会をできるだけ設けるようにした。このような対応もあってか，3年間，長期欠席をすることはなかった。
○3年生になると，相談室でも進路に関する悩みや不安を訴えることが多くなったので，高等学校のパンフレットなどを相談室にも常置するようにした。相談室に来室する際には，そのパンフレット活用して，学校相談員が不安や悩みを聞くように心がけた。パンフレットがあることで具体的な話もでき，本人の進路決定が少しずつ具体的なものになっていった。

＊記載例Ⅱ（専門学科進学）

個別移行支援カルテ【高等学校進学版】

　　　　　立　　　　　中学校　　　　　　　　　　　　　　　　（取扱注意・複写厳禁）

生徒氏名	性別：男　・　女	記載日	年　　月　　日
保護者氏名	印	記載者及び主な支援者	記載者；　　　　　　印 主な支援者

◇支援の方向性
　小学校からの申し送りとして，困った状況であっても，自分の思いや気持ちを自分から周囲の者に伝えるようなことがほとんどなく，教師が常に本人の行動や表情に注意しておくことがあった。そのため中学校では，入学当初から全教職員がその状況を共通理解し，学級担任だけでなく，教科担任なども配慮するようにすることで，不登校などの本人が苦しい状況になることは防ぐことができた。
　中学校に入学し，家庭学習を自分で計画を立てて取り組んだり，提出物を期限まで提出したりすることを難しくなった。そのため，3年間，学級担任が家庭学習で行う分を昼休みに一緒に取り組んだり，チェックリストを使って提出が滞ることがないようにしたりしていく支援が必要であった。

◇本人の進学に際しての願い	◇保護者の進学に際しての思い・願い
○将来は，パソコン関係の仕事に就きたい。そのために情報処理科でパソコンに関わる資格を取りたい。	○高校3年間で，本人の得意なところを伸ばして，将来の職業に役立つ資格などを取得してほしい。
◇本人の得意なこと・趣味	◇家庭での主な支援者と連絡方法
○部活動では卓球部に所属し，3年間，活動することができた。○パソコンでプログラムを組むことに興味をもち，家庭でもよく行っている。	○母親が主な支援者である。○夕方以降は自宅に連絡をすれば，対応してもらえる。

◇学習活動に関する支援内容・方法
○自分の感情を文章や言葉で表現することを苦手としている。担任が個別に聞き取りをしながら，文章化する支援が必要である。
○ワークなどの提出物を期限までに自分から提出することができない。そのため，学級担任が教科ごとに提出日をまとめたチェックリストを準備し，登校後・下校前に一緒に確認するようにした。加えて，家庭でもチェックリストを確認して，家庭学習に促してもらうようにした。これらのことで，2年生からは期限を過ぎることもあったが，全ての課題を提出することはできた。
○家庭学習でワークをやり切ることが難しいため，昼休みなどに家庭で行うワークなどを行うようにして，提出期限に少しでも間に合うように支援した。
○一斉に取り組む授業では途中からほかのことに気を取られることが少なくなかった。そのため，授業の机間巡視を冒頭・中盤・終末の3回は行い，授業から気がそれないようにする支援をいずれの教科でも行った。
○進路選択では高校生活の具体的イメージがなかなか持てなかった。そのため，イメージしやすいようにパンフレットを使って説明したり，高校見学もできるだけ多く参加するように働きかけたりした。その結果，3年生の10月くらいにはもともと興味があった情報処理科のある学校に進学し，資格を取って将来の就職に役立てたいという願いをもつことができた。

◇集団活動に関する支援内容・方法
○自分から周囲の者に働きかけることは難しかったが，共通の話題をもつことができる卓球部の仲間や，パソコンの趣味をもつ生徒とであれば関わることができた。

◇中学校までの専門的支援
○小学校6年生から，3か月に1度B市□□病院でカウンセリングを受けている。本人は，担当医と会話をすることで，心がすっきりすると言っている。

＊記載例Ⅲ（専門学科進学）

個別移行支援カルテ【高等学校進学版】

　　　　　立　　　　　　　中学校　　　　　　　　　　　　　　　　（取扱注意・複写厳禁）

生徒氏名		性別：男 ・ 女	記 載 日	年　　月　　日
保護者氏名		印	記載者及び主な支援者	記載者；　　　　　　　印 主な支援者

◇支援の方向性
　中学校入学当初から，作業を伴う学習の手順を全体説明のみでは理解することは難しく，分からないことなどを自分から教師に質問することも難しいため，教師が個別に働きかけるまで取り組めない状況が続いた。そのため，3年間，いずれの教科担任も全体説明をした後，作業手順を書いたプリント等に示しながら個別に説明する支援を行うようにした。
　体育祭の出場種目や職場体験学習の体験先などを自分で決めなければならない場面において，これまでそのような経験をあまり行ったことがなかったのか，自分で決めることが難しく，教師や友達に頼ることがほとんどであった。そのために，いずれを選んで良いような複数の選択肢をあらかじめ用意しておき，その中から自分で選ぶような支援が必須であった。

◇本人の進学に際しての願い	◇保護者の進学に際しての思い・願い
○人前で話すことが苦手なので，そうした場面があるときは事前に練習をさせてほしい。 ○学校生活において相談したいことができた時には，相談できる話しやすい先生を予め決めておいてもらえるとうれしい。	○クラスメイトと楽しく学校生活を過ごしてほしい。 ○将来，自立した生活をするために，まずは，人とのコミュニケーションがしっかりととれるようになってほしい。 ○不安なことを自分から話すことが難しいので，本人が頼りにできる先生を作ってほしい。
◇本人の得意なこと・趣味	◇家庭での主な支援者と連絡方法
○母親が仕事で忙しい時は，自分で食事の用意をしている。 ○中学校では空いた時間に，図書室で小学校高学年程度の短編小説を読んでいた（気分を落ち着ける時間でもあった）。	○母親が支援の中心であるが，仕事の関係で祖母も協力している。 ○母親は仕事の都合上，日中に携帯電話に出ることができない。緊急連絡は母親の仕事先か，祖母になる。

◇学習活動に関する支援内容・方法
○学習の達成感をもつことが難しかった。そこで，各授業の冒頭にその時間の流れを示し，授業終了後には「できたこと」を自己評価する支援をいずれの教科でも行うよう支援が必要であった。
○実験や実習では実際に物を使ったり，図示したりして活動の流れを説明するようにした。その結果，自分で手順などを確認しながら進めることができた。
○授業内容の定着を図るためには反復的な取り組みが必要であった。そのため，授業で行った学習プリントをそのまま家庭学習として取り組むようにした。その中で，特に数学の計算領域では，簡単なミスがあったものの計算の方法は定着することができた。
○提出物の提出期限を自分から注意することは難しかったので，提出物を期限内に出すことができるよう黒板に書いたり，提出日直前に個別に声かけをしたりすることが必要であった。
○自分で納得して進路選択ができるように，高校見学会や体験入学会に積極的参加するように働きかけた。また，参加する前にはインターネットやガイドブックを参考にするなどして担任や保護者と事前学習を念入りに行うようにした。

◇集団活動に関する支援内容・方法
○自分なりの見通しがもちにくく，初めての活動には参加を渋るような様子が見られた。そこで，例えば，宿泊研修においては，前年度のオリエンテーション時に使用したプレゼンを見たり，前年度の活動の様子が分かるように写真を見たりして活動のイメージをもつことができるようにした。更に当日の動きについてしおりを参考にして読み合わせを繰り返し，本人が関わる部分は色ペンを使ってはっきり分かるようにした。その結果，自分の役割も果たし充実した宿泊研修を過ごすことができた。3年間，同様の支援がとても有効であった。
○音に敏感なために4時間目が終わる頃には表情が厳しくなる様子が見られた。そこで，昼休みは図書室で読書をすることを勧め，静かな場所で過ごすことができるようにした。

◇中学校までの専門的支援
○平成22年10月，○○クリニックにて，「広汎性発達障害」と診断を受け，平成26年11月まで通院する。現在は医療機関にかかっていない。
○平成22年8月より，A市□□園にて療育開始し，平成○○年まで続ける。

V. 幼稚園・保育所等から特別支援学校への移行支援

1 幼稚園・保育所等から特別支援学校への移行支援の基本的考え方

1 就学支援の基本的な考え方

　障害のある子どもを対象とした特別支援学校の教育においては，その障害の状態や発達段階等に応じて，一人一人の可能性を最大限に発揮させ，将来の自立や社会参加のために必要な力を培うという観点に立ち，教育的ニーズに応じた手厚く，きめ細かな指導と支援を行っています。

　このため，幼稚園・保育所等から特別支援学校を就学の場とする際には，早期からの教育相談を繰り返し行い，市町村教育委員会，教育・保育，保健・福祉，医療などの多くの関係者が相互に連携を図り，子どもの可能性を最も伸ばすことのできる就学先を選択するということが前提となります。さらに，本人や保護者の意見を可能な限り尊重した上で，総合的な判断をすることが重要です。

　特別支援学校では，早期からの教育相談と支援，就学後の適切な教育と必要な支援，さらに卒業後の就労へつなげるために，全体を一貫した教育支援と捉え，個別の教育支援計画の作成と活用を行っています。一人一人の個別の教育支援計画には，障害の状態，教育的ニーズと必要な支援の内容，本人と保護者の意見，学校で受ける指導や支援の内容，関係機関が実施している支援の内容などが記載されます。

　また，一貫した教育支援を効果的に進めるためには，支援の主体や教育内容が替わる移行期が特に大切です。移行期の支援とは，支援の対象となる本人と保護者が，必要な支援を途切れないように受けられることとともに，その前の機関や学校での支援の評価と見直しにより，より良い支援を求めることができることです。就学相談の初期の段階で，就学先決定についての手続きの流れや就学先決定後も柔軟に転学などができることなどを本人と保護者にあらかじめ説明を行うこと，そして，このことを全ての関係者の共通理解とすることも不可欠となります。

2 就学支援の体制

① 特別支援学校の対象者

　以下に示す法令に則り，幼児児童生徒と保護者の意見を最大限尊重し，市町村教育委員会が就学先を決定して県教育委員会に1月31日までに通知すると，県教育委員会が特別支援学校への入学期日などの通知を保護者に送付することになります。

【学校教育法第72条】

5種の障害が規定（視覚障害，聴覚障害，知的障害，肢体不自由及び病弱）されています。
【学校教育法施行令第22条の3】（資料7-1参照）
　特別支援学校に入学可能な障害の程度を示していますが，該当する者が原則として特別支援学校に就学するという『就学基準』ではありません。市町村教育委員会の設置する教育支援委員会の中で障害の状態に加え，教育上必要な支援の内容，幼児児童生徒と保護者や専門家の意見等を個別に総合的に判断して，決定する仕組みとなりました。

② 特別支援学校入学までの流れ

　幼稚園・保育所等からの特別支援学校入学は本人に加え，保護者の就学への不安な気持ちを理解しながら，ていねいに行っていくことがとても大切です。特別支援学校でのおおむね入学までの流れは次のようになっています。小学部主事と教務部が中心になって行われています。

○6月：学校見学会（集団）　特別支援学校の理解と認識を深める機会
　特別支援学校への就学などを考えている本人と保護者に特別支援学校の理解と認識を深めるよう，教育概要などの説明とともに，授業参観や施設見学を行います。

○8月～9月：就学等相談（個別）　一人一人の状態や支援に関する共通理解
　本人とその保護者に特別支援学校をより理解してもらい，就学先のひとつとして検討できるよう，個別面談を行い，本人や保護者の希望を伺ったり，特別支援学校で行う教育活動や支援などの説明をしたりします。また，必要に応じて，幼稚園・保育所等の担任，特別支援教育コーディネーターや市町村教育委員会担当者にも同席してもらいます。

○10月：体験入学（集団）　来年度就学等の希望者を対象とした説明会
　本人に実際に授業に参加してもらい，保護者にもその参観をしてもらいます。そして，今後の入学までの手続きや予定などについて説明をします。

○2月：入学説明会（集団）　来年度就学などの決定者を対象とした説明会
　本人に実際に授業体験をしてもらい，特別支援学校は4月からの授業に向けた細かな支援や合理的配慮などを確認します。保護者には事務手続きや具体的な提出書類などの準備するものを説明します。

○3月：幼稚園・保育所等との支援の引継ぎ（個別）　途切れのない支援のための引継ぎ
　個別の教育支援計画や個別の指導計画の引継ぎを行います。幼稚園・保育所等に特別支援学校から出向いて，活動の参観などを通して，就学児のより具体的な支援方法などを引き継ぎます。

3　就学支援についての必要な情報の引継ぎ

① 必要な情報

　幼児児童生徒の状態に，過去から現在まで連続して変容していて，そして将来へつながるも

のと考えています。したがって，一番必要な情報は現在の状態であり，さらに，これから特別支援学校での教育を子どもたちが安心，安全に受けられる上での注意事項や配慮事項が最重要となります。その大前提があって，直前の教育機関などでの指導や必要な支援をまず引き継いだ上で，続けてみることが大切です。昨年度はどのような状況で合理的配慮がなされていたかという観点も重要です。

　幼稚園・保育所等から引き継ぐ情報については，教育支援資料（文部科学省，2013）で示された『就学先決定に際しての調査事項の例』を参考にし，表5-1のような点に配慮し，漏れや偏りがないようにします。

表5-1　就学支援に際して幼稚園・保育所等と特別支援学校が引き継ぐ情報の観点

○保育・教育的観点：これまでに受けた保育・教育など（生育歴，教育相談歴）
　　　　　　　　　保育・教育内容・方法，支援内容・方法など
○医学的観点：障害に関連する診断，通院内容，医療的な配慮や服薬など
○心理学的観点：本人と保護者の障害の理解，意思の交換，言語・身辺処理などの状態，対人関係の状態，行動の特徴など
○福祉的観点：手帳の有無，福祉サービスの利用内容，市町村福祉課との連携など
○併せ有する他の障害の有無：有れば他の障害の状態など
○幼児児童生徒と保護者の希望：将来の進路希望，家族の希望など
○幼稚園などの受け入れ体制：合理的配慮

　また，次節で示した特別支援学校教員が必要としている支援情報も参考にしてください。
　なお，これらの情報を引き継ぐ際には，特別支援学校は小学校とは教育活動や教育内容が大きく異なり，例えば知的障害特別支援学校であれば，日常生活の指導，生活単元学習などが中心になることを，幼稚園・保育所等に理解しておいていただけることが大切です。こうしたことは保護者との話し合いにおいても不可欠であり，先に示したような入学までの機会を通して理解していただくことが大切になります。

②　引き継いだ情報の管理

　こうした情報の引継ぎ，管理および活用に当たっては，個人情報保護の観点から慎重に取り扱うことが必要です。岐阜県ではこれらの情報は，原則として学校外への持出禁止，施錠可能な場所に保管，やむを得ず持ち出す場合は学校長の許可が必要となる4段階のうち2番目に高い管理レベルとされています。また，他機関からの情報の収集や情報を他機関へ引き継ぐ際でも，必ず本人と保護者の同意を得ておくなど慎重な配慮が必要です。合意形成後でしか，個人情報を扱うことはできません。

2 特別支援学校教員が幼稚園等教員から受け取りたい教育支援情報

1 はじめに

　総合的な判断のもと，連続した多様な学びの場のひとつとして特別支援学校などの就学先が決定される教育支援では，支援内容の継続性を重視した前籍園・校と就学先との教育情報の共有が重要課題のひとつとなっています。支援内容の継続性のためには，その活動を行うためにどのような支援をしてきたかなどの個別の支援にかかわる情報である教育支援情報が就学先に十分に引き継がれていくことが必須となるとされています[6)10)]。

　しかし，幼児指導要録などは発達と指導の過程や結果の要約[5)]であり，教育支援情報として十分とは言えないとの指摘[10)]や，幼稚園・保育所等の個別の教育支援計画・個別の指導計画の作成率の30％台という低さ[8)]，幼稚園・保育所等において特別支援教育の専門性や事例の蓄積が行われにくい現状などが背景となって，先行的に就学支援にかかわるシートなどを作成している教育委員会（資料9参照）が増えてきました。しかし，その項目選定の根拠は明らかにされておらず，特別支援学校は就学者の共通する一定の教育情報を得ることが難しい状況にあるものと思われます。

　また，特別支援学校も就学者に関する教育情報を得るための一日入学などの取組みを行っていますが，就学後の教育活動に直結する教育支援情報となっているかの検討は十分になされていない[7)]という現状があります。

　そこで，幼稚園・保育所等から特別支援学校への進学時の引継ぎ情報に活用できる個別移行支援カルテ【特別支援学校就学版】の項目を明らかにするため，特別支援学校小学部の先生方を対象とした「特別支援学校教員が幼稚園等教員から引き継ぎたい教育支援情報」に関する質問紙調査を行いました。

2 調査の方法

① 対象
A県立特別支援学校小学部教員242名

② 時期
2015年12月から2016年1月

③ 手続き

特別支援学校12校小学部教員285名に質問紙調査を行いました。なお，調査対象者に文書で自由意志回答，匿名性などを示し，同意を得た者に回答していただきました。そして，268名（94.0％）から回答を得られ，欠損値のある26名を除く242名の回答を分析の対象としました。

④ 調査項目

各地の教育委員会が策定している個別の教育支援計画，個別の就学支援計画，就学支援シートなどの教育情報に関する項目（資料9参照）や先行研究等[2) 3) 4) 7)]を参考に，項目の内容や表現を検討し，障害児教育学を専門とする大学教員2名，現職大学院生2名（特別支援学校勤務経験2名）の計4名にて，合理的配慮を必要とする幼児の就学時に特別支援学校教員が受け取りたい教育支援情報として表5-2に示した54項目を選定しました。

そして，合理的配慮を必要とする幼児の特別支援学校就学時に当たっての受け取りの必要度を5件法（5.すごく思う，4.わりに思う，3.やや思う，2.あまり思わない，1.少しも思わない）にて尋ねました。

⑤ 分析方法

特別支援学校教員が合理的配慮を必要とする幼児の特別支援学校への就学時に受け取りたい教育支援情報を明らかにするために因子分析（最尤法，プロマックス法）を行いました。ただし，因子負荷量｜.40｜に満たない項目が生じた際，また，1因子2項目が生じた際は，その項目を削除し，再解析しました。

さらに，Cronbachの α 係数による信頼係数にて尺度の内的一貫性を検証しました。なお，各因子名については〈　〉で示しました。統計処理には，SPSSver.23.0を用いました。

3 調査の結果

1回目の因子分析で因子負荷量｜.40｜に満たない6項目，2回目で3項目，3回目で4項目，4回目で4項目を除外しました。そして，5回目の回転後の因子負荷量は表5-2のとおり，37項目いずれも｜.40｜以上であり，全因子ともに3項目以上となりました。KMO測度.890，バートレットの球面性検定 $p < .01$ で妥当性が保証され，カイザーガットマン基準とスクリープロット基準に従って6因子構造と判断しました。

各因子の因子名は因子負荷量｜.70｜以上の項目に着目し，第1因子は「数えることへの興味や関心について」「必要な道具を自分で準備できるかについて」「描くことへの興味や関心について」「使用した道具を自分で片付けることができるかについて」「文字への興味や関心について」などの項目から〈学習活動に関する情報〉の因子と命名しました。

表5-2 合理的配慮を必要とする幼児の就学時に特別支援学校教員が受け取りたい教育支援情報に関する質問事項

Q特1：移動や歩行について
Q特2：鉛筆やクレヨンの握り方について
Q特3：跳んだり、跳ねたり、走ったりなどの体の動きについて
Q特4：スプーンや食器などの操作について
Q特5：食物を噛んだり、飲み込んだりする様子について
Q特6：食事の量や偏食について
Q特7：トイレに自分から行くことができるかについて
Q特8：排泄に関する一連の動作について
Q特9：はさみやのりなどの道具の使い方について
Q特10：必要な道具を自分で準備できるかについて
Q特11：使用した道具を自分で片付けることができるかについて
Q特12：指示や話の内容理解の程度について
Q特13：好きな遊びの内容について
Q特14：危険な場面での行動について
Q特15：友達とのかかわりの様子について
Q特16：教師など大人とのかかわりの様子について
Q特17：集団での活動への参加の様子について
Q特18：衣服の着脱の状況について
Q特19：衣服の片付けの状況について
Q特20：ルールを守るなどの規範意識について
Q特21：感情のコントロールの様子について
Q特22：順番、昨日・今日、スケジュールの理解などの時間の把握について
Q特23：上下、左右、前後、場所の理解などの空間の把握について
Q特24：文字への興味や関心について
Q特25：平仮名（自分の名前程度）の読みについて
Q特26：平仮名（自分の名前程度）の書きについて
Q特27：数えることへの興味や関心について
Q特28：描くことへの興味や関心について
Q特29：体を動かすことへの興味・関心について
Q特30：歌ったり、楽器を演奏したりすることへの興味・関心について
Q特31：靴の片付けの様子について
Q特32：靴の脱ぎ・はきの様子について
Q特33：本人の興味や関心について
Q特34：姿勢保持の様子について
Q特35：絵本の読み聞かせなどへの注意の持続について
Q特36：自分の思いの伝え方について
Q特37：登園時の保護者との別れ方の様子について
Q特38：家庭での過ごし方について
Q特39：保護者の教育方針について
Q特40：主たる養育に関する人について
Q特41：保護者との連携方法について
Q特42：家族関係について
Q特43：病院などの専門機関との連携について
Q特44：心理検査（知能検査等）の結果について
Q特45：専門家による診断について
Q特46：服薬について
Q特47：てんかん発作について
Q特48：食物などへのアレルギー反応について
Q特49：特定の音や臭いへの感覚過敏について
Q特50：心臓などの内疾患について
Q特51：精神的な不安定さについて
Q特52：弱視や色弱、視野狭窄などの視覚機能について
Q特53：難聴などの聴覚機能について
Q特54：てんかんに対応するための校内の施設・設備について

Ⅴ 幼稚園・保育所等から特別支援学校への移行支援

表5-3 合理的配慮を必要とする幼児の就学時に特別支援学校教員が受け取りたい教育支援情報の因子構造

項目	I	II	III	IV	V	VI
第1因子〈学習活動に関する情報〉（a =.945)						
Q特27：数えることへの興味や関心について	.902	−.003	−.144	.099	.013	−.057
Q特10：必要な道具を自分で準備できるかについて	.844	−.008	−.098	0.000	.069	.041
Q特28：描くことへの興味や関心について	.818	.050	−.006	−.087	.045	.018
Q特11：使用した道具を自分で片付けることができるかについて	.805	.017	−.041	.033	.092	−.023
Q特24：文字への興味や関心について	.795	−.037	−.046	−.041	.089	.012
Q特35：絵本の読み聞かせなどへの注意の持続について	.792	−.010	.067	−.023	−.065	.029
Q特23：上下，左右，前後，場所の理解などの空間の把握について	.785	.044	−.080	.009	.021	.062
Q特33：本人の興味や関心について	.781	.064	.050	.057	−.064	−.011
Q特9：はさみやのりなどの道具の使い方について	.754	−.126	.168	−.058	−.045	−.004
Q特22：順番，昨日・今日，スケジュールの理解などの時間の把握について	.732	−.023	−.054	−.095	.055	−.006
Q特2：鉛筆やクレヨンの握り方について	.706	−.091	.074	.083	−.049	.022
Q特13：好きな遊びの内容について	.561	.044	.044	−.021	.094	.028
Q特37：登園時の保護者との別れ方の様子について	.446	.227	.152	.050	−.123	−.058
第2因子〈家庭との連携に関する情報〉（a =.865)						
Q特40：主たる養育に関する人について	−.042	.962	.007	−.074	−.090	.026
Q特39：保護者の教育方針について	−.059	.834	.040	−.078	−.044	.039
Q特41：保護者との連携方法について	−.031	.688	.004	.102	.082	.012
Q特42：家族関係について	−.024	.621	−.061	.133	.106	−.047
Q特38：家庭での過ごし方について	.202	.597	−.041	−.071	.039	−.051
第3因子〈日常生活動作の支援に関する情報〉（a =.803)						
Q特5：食物を噛んだり，飲み込んだりする様子について	−.050	.023	.632	−.048	−.088	.228
Q特7：トイレに自分から行くことができるかについて	.009	−.081	.621	−.016	.113	−.079
Q特6：食事の量や偏食について	−.062	.088	.597	−.011	.153	−.018
Q特3：跳んだり，跳ねたり，走ったりなどの体の動きについて	.144	−.012	.591	.065	−.050	−.092
Q特4：スプーンや食器などの操作について	.317	−.041	.566	−.022	−.197	.021
Q特8：排泄に関する一連の動作について	.100	.020	.484	.070	.122	−.004
Q特1：移動や歩行について	−.080	.011	.483	.078	.034	−.041
第4因子〈医療に関する情報〉（a =.893)						
Q特47：てんかん発作について	.021	−.008	.015	1.043	.024	−.153
Q特48：食物などへのアレルギー反応について	−.022	−.034	.070	.891	−.035	−.011
Q特46：服薬について	−.003	.021	−.067	.640	.039	.179
Q特50：心臓などの内疾患について	−.056	−.007	.048	.574	−.062	.361
第5因子〈集団参加に関する情報〉（a =.875)						
Q特15：友達とのかかわりの様子について	.032	−.068	−.071	−.011	.933	.023
Q特16：教師や大人とのかかわりの様子について	−.074	.074	−.070	.045	.899	−.018
Q特17：集団での活動への参加の様子について	.037	.017	.149	−.048	.670	.034
Q特14：危険な場面での行動について	−.004	−.032	.341	−.122	.515	−.006
Q特21：感情のコントロールの様子について	.068	.089	.083	.096	.643	.047
第6因子〈身体障害に関する情報〉（a =.785)						
Q特53：難聴などの聴覚機能について	−.004	−.002	−.015	−.019	.038	.962
Q特52：弱視や色弱，視野狭窄などの視覚機能について	.028	−.054	−.045	.046	.018	.945
Q特54：マヒなどに対応するための校内の施設・設備について	.107	.123	.061	.028	−.009	.450

N=242，モデル全体の a 係数 .963

つぎに，第2因子は「主たる養育に関する人について」「保護者の教育方針について」などの項目から〈家庭との連携に関する情報〉の因子と命名しました。

　また，第3因子は「食物を嚙んだり，飲み込んだりする様子について」「トイレに自分から行くことができるかについて」などの項目から〈日常生活動作の支援に関する情報〉の因子と命名しました。

　そして，第4因子は「てんかん発作について」「食物などのアレルギー反応について」などの項目から〈医療に関する情報〉の因子と命名しました。

　さらに，第5因子は「友達とのかかわりの様子について」「教師や大人とのかかわりの様子について」などの項目から〈集団参加に関する情報〉の因子と命名しました。

　最後に，第6因子は「難聴などの聴覚機能について」「弱視や色弱，視野狭窄などの視覚機能について」などの項目から〈身体障害に関する情報〉の因子と命名しました。

　Cronbachの α 係数による信頼係数により，信頼性を検証したところ，第1因子.945，第2因子.865，第3因子.803，第4因子.893，第5因子.875，第6因子.785，モデル全体.963となり，信頼性が検証されました。

4　特別支援学校教員が幼稚園等教員から受け取りたい教育支援情報

　就学時に特別支援学校が必要とする幼稚園・保育所等からの教育情報の因子構造は，〈学習活動に関する情報〉〈家庭との連携に関する情報〉〈日常生活動作の支援に関する情報〉〈医療に関する情報〉〈集団参加に関する情報〉〈身体障害に関する情報〉の6因子でした。

　この因子構造と知的障害を理解するための多次元的な枠組み[1]とを比較したところ，〈学習活動に関する情報〉は〈Ⅰ.知的能力〉，〈家庭との連携に関する情報〉は〈Ⅴ.状況〉，〈日常生活動作の支援に関する情報〉は〈Ⅱ.適応行動〉，〈医療に関する情報〉は〈Ⅲ.健康〉，〈集団参加に関する情報〉は〈Ⅳ.参加〉，〈身体障害に関する情報〉は〈Ⅲ.健康〉と重なります。

　また，先行的に取り組まれている自治体の作成している就学支援シート（資料9参照）の項目との比較では，〈家庭との連携に関する情報〉〈身体障害に関する情報〉は自治体によって項目の設定に差異があるものの，先行研究で示された項目全てを今回の調査で明らかになった教育支援情報の引継ぎに関する項目は包含していました。

　こうしたことから，特別支援学校小学部教員は，就学時に〈学習に関する情報〉〈家庭との連携に関する情報〉〈日常生活動作の支援に関する情報〉〈医療に関する情報〉〈集団参加に関する情報〉〈身体障害に関する情報〉の具体的な支援方法などの教育支援情報を引き継ぐことを必要としていることが確認されました。

● 注

本節は「松本深香・坂本　裕・伊藤智子・石原　隆（2016）：知的障害のある幼児の就学に際して幼稚園等から特別支援学校へ引き継ぐ教育支援情報に関する調査研究．岐阜大学教育学部研究報告（人文科学）第69巻1号，169-175.」を再編集しました．

● 文献

1）American Association on Intellectual and Developmental Disabilities（2010）：Intellectual Disabilities: Definition, Classification, and Systems of Supports-11th ed.
2）姉崎　弘・大原善教・藪岸加寿子・森倉千佳（2007）：特別支援教育における就学指導委員会のあり方に関する一研究『個別の教育支援計画』の策定・引継ぎを中心に．三重大学教育学部附属教育実践総合センター紀要，第27巻，57-61.
3）久原有貴・七木田　敦・小鴨治鈴・松本信吾・玉木美和・金岡美幸・関口道彦・大野　歩・金子嘉秀・河口麻希（2013）：発達に課題のある幼児の就学支援シートづくりに関する実践的研究．広島大学学部・附属学校共同研究機構研究紀要，第41号，141-149.
4）伊藤智子・坂本　裕・石原　隆（2016）：特別な教育的支援を必要とする幼児の就学に際して認定こども園・幼稚園・保育所から小学校へ引き継ぐ教育情報に関する調査研究．岐阜大学教育学部研究報告（人文科学），第65巻1号，155-159.
5）神長美津子・塩谷　香（2014）：幼稚園幼児指導要録・保育所児童保育要録記入ハンドブック．ぎょうせい．
6）川口麻希・七木田　敦（2014）：保幼小連携に対する保育者と小学校教諭への意識調査．広島大学大学院教育学研究科紀要第3部，63，81-90.
7）松本深香・日比　暁・坂本　裕（2016）：知的障害幼児の特別支援学校就学における移行支援情報の収集に関する調査研究．岐阜大学教育学部研究報告（人文科学），第65巻1号，147-154.
8）文部科学省（2016）：平成27年度特別支援教育体制整備状況調査．
9）大塚　類（2012）：「気になるこども」に対する保育者の専門性．千葉大学教育学部研究紀要，第65巻，177-181.
10）高辻千恵（2008）：保育所と小学校の連携に関する今後の課題．埼玉県大紀，第10号，15-23.

3 個別移行支援カルテ【特別支援学校就学版】の実際

1 はじめに

　就学指導から教育支援への新展開において，特別支援学校に就学する子どもたちには幼稚園・保育所等で行われてきた合理的配慮やそのための教育的支援をより確実に引き継ぎ，子どもたちが安心してスムーズに特別支援学校での生活に移行していくことができるようにすることが何にもまして重要となります。この個別移行支援カルテ【特別支援学校就学版】は，個別移行支援カルテ【小学校就学版】同様に，教育支援の要となるものです。

2 作成の構え

　特別支援学校における教育活動においては"集団化と個別化"が対応原理とされています。この対応原理をより確かなものにするためには，幼稚園・保育所等において仲間や先生との生活の中で行われた支援や配慮を特別支援学校での生活においても継続していくことが必須となります。こうしたことからも個別移行支援カルテ【特別支援学校就学版】においては，いわゆる"実態把握"よりも，幼稚園・保育所等の担任の子どもへの思いや願いを特別支援学校の担任に引き継ぐことができるようにすることに重点をおいて作成していきます。
　また，こうした思いや願いの引継ぎが，就学後の保護者との協力体制をより確かなものにしていくとも考えます。

3 作成の手順

　個別移行支援カルテ【特別支援学校就学版】は，本章第1節で述べた「3月：幼稚園・保育所等との支援の引継ぎ（個別）」において，特別支援学校就学支援担任者が幼稚園・保育所等を訪問し，担任や保護者との面談を重ねる中で作成していきます。
　園での生活を実際に参観した後，担任や保護者との面談を行い，子どもへのこれまでの思いや願いを丹念に伺っていきます。そして，その思いや願いを具現化するための具体的な支援の方向性や方法についてまとめていくようにします。
　なお，特別支援学校から幼稚園・保育所等を訪問する担当者が複数になる場合もあり，担当者によって収集する情報に偏りや漏れがないように，【大切にしてきた姿】【具体的手立て】【継続してほしいこと】【家庭での様子】の項目を設けました。

個別移行支援カルテ【特別支援学校就学版】

　　　立　　　　　園　　　　　　　　　　　　　　　　　（取扱注意・複写厳禁）

幼児氏名	性別：男　・　女	記載日	年　　　月　　　日
在　籍　園		記載者及び主な支援者	記載者；　　　　　　　　印　　主な支援者
保護者氏名	印		

◇支援の方向性

◇支援の基礎的環境

◇本人の好きなこと・得意なこと(避けたいこと)	◇保護者の思い・家庭との連携に関すること

◇日常生活に関する支援内容・方法

◇学習活動に関する支援内容・方法

◇集団活動に関する支援内容・方法

◇健康・身体障害に関する支援内容・方法

◇入学に向けての準備　[4月当初の予測される姿]	[入学前に検討しておく支援・配慮]

【幼児氏名・在籍園・保護者氏名・記載日・記載者】

　幼児氏名，在園名，保護者氏名，記載日，記載者を記載します。記載者には特別支援学校からの訪問者名を記入します。（案）を保護者に提示し，保護者との合意形成を図り，捺印をいただきます。

【支援の方向性】

　特別支援教育において最も大切にすることのひとつとして，子どもたちの"持てる力を高める"ことがあります。そのためには，その子ができつつあること，そして，できそうなことを的確に捉え，どう育んできたのか，すなわち，"園で大切にしてきたこと"を聞き取ることがとても大切になります。そして，その営みを踏まえ，特別支援学校での学校生活に期待することを引き継いでいくようにします。

【支援の基礎的環境】

　幼稚園・保育所等で加配の職員が配置されていたり，"身体障害への対応"のために施設・設備の改善がなされたりしている場合に記載します。

【本人の好きなこと・得意なこと（避けたいこと）】

　障害のある子どもについてはどうしても"できないこと""苦手なこと"に教師の意識が向いてしまいがちになります。しかし，障害のある子どもたちの主体的な姿を大切にする特別支援学校においては，子どもたちがやってみたいと思える教育活動を計画することが不可欠です。そのためにも，"本人の興味や関心"や"好きな遊びの内容"を引き継ぐことがとても大切になります。

　また，特別支援学校での生活をスムーズに始めることができるよう，その子が避けたい，例えば，大きな音や嫌いな絵などを事前に把握していて教室環境を整えることへの心配りも必要です。

【保護者の思い・家庭との連携に関すること】

　保護者から個別面談，日々のやり取りなどの中で示されたわが子への思いや小学校での生活への願いを記載します。加えて，家庭での養育の主たる人やその人への連絡手段なども記載します。

【日常生活に関する支援内容・方法】

　日常生活に関する支援を幼稚園・保育所等が行っていた場合に記載します。主な内容としては次の7点が挙げられます。教師の働きかけや補助具などの工夫によって成功した取組みを具体的に書きます。

　・食物を噛んだり，飲み込んだりする様子について
　・食事の量や偏食について
　・スプーンや食器などの操作について
　・トイレに自分から行くことができるかについて

- ・排泄に関する一連の動作について
- ・跳んだり，跳ねたり，走ったりなどの体の動きについて
- ・移動や歩行について

【学習活動に関する支援内容・方法】

　幼稚園・保育所等で学習活動に関する支援がなされていた場合に記載します。主な内容としては次の11点が挙げられます。特別支援学校での学習場面での種々の活動につながっていく事項ですので，より具体的な支援内容とその手立てを記載します。

- ・数えることへの興味や関心について
- ・描くことへの興味や関心について
- ・文字への興味や関心について
- ・絵本の読み聞かせなどへの注意の持続について
- ・上下，左右，前後，場所の理解などの空間の把握について
- ・順番，昨日・今日，スケジュールの理解などの時間の把握について
- ・登園時の保護者との別れ方について
- ・はさみやのりなどの道具の使い方について
- ・鉛筆やクレヨンの握り方について
- ・必要な道具を自分で準備できるかについて
- ・使用した道具を自分で片付けることができるかについて

【集団活動に関する支援内容・方法】

　集団参加に関する支援を幼稚園・保育所等で行っていた場合に記載します。主な内容としては次の5点が挙げられます。支援を行ったときの場面や他児の状況なども具体的に記載すると特別支援学校での取組みに役立ちます。

- ・友達とのかかわりの様子について
- ・教師や大人とのかかわりの様子について
- ・集団での活動への参加の様子について
- ・危険な場所での行動について
- ・感情のコントロールの様子について

【健康・身体障害に関する支援内容・方法】

　健康や体に関する支援を幼稚園・保育所等で行っていた場合に記載します。主な内容としては次の6点が挙げられます。命の確保，危機回避の視点からもていねいに聞き取ります。

- ・てんかん発作について
- ・食物などへのアレルギー反応について
- ・服薬について
- ・心臓などの内疾患について

・難聴などの聴覚機能について
・弱視や色弱，視野狭窄などの視覚機能について

【入学に向けての準備】

　特別支援学校での生活をスムーズに始めることができるよう，幼稚園・保育所等での生活から予測されるその子の入学当初の姿とそのことへの対応を現担任からアドバイスを受けておくこともとても不可欠です。こうした営みは特別支援学校への就学に不安を抱きがちな保護者にとっても安堵できる材料のひとつになり得ます。

＊記載例Ⅰ

個別移行支援カルテ【特別支援学校就学版】

立　　　　園　　　　　　　　　　　　　　　　　　　　（取扱注意・複写厳禁）

幼児氏名	性別：男 ・ 女	記載日	年　　月　　日
在　籍　園		記載者及び主な支援者	記載者；　　　　　　印主な支援者
保護者氏名	印		

◇支援の方向性
　　入園以来，安心して過ごせることを第一にしてきた。不安に寄り添うことで，いろいろな活動ができるようになってきた。
　　特別支援学校では刺激の少ない安心できる環境の中で，意欲を大切に，苦手なことにも部分的に参加するなどいろいろなことにのびのびと挑戦してほしい。

◇支援の基礎的環境　　加配が専属で一人ついている（常時）。28人学級で担任が加配を入れ3人。

◇本人の好きなこと・得意なこと(避けたいこと)	◇保護者の思い・家庭との連携に関すること
○YouTubeのヒカキンの動画が好きで，担任とその会話をする。 ○フラフープを2つつなげて友達と遊ぶ。優しい性格の女の子やおとなしい男の子が好き。	○母親が中心に育児をし，園に対しての理解もある。 ○母親が忙しい時などには，母方の祖母が協力してくれるが，祖母は仕事に就いている。 ○母親はみんなと一緒に活動している場面よりも，「いや！」と言っている場面のほうを見ているので，できるようになった姿を具体的に伝えるようにしている。

◇日常生活に関する支援内容・方法
○動き回り周りの様子を見ていることがあるため，友達とぶつかることがある。そのため，「前にお友達がいるからね」などの言葉がけをするようにした。
○好き！食べたい！という気持ちが強く，慌てて飲み込むように食べる。お代わりをする。そこで，「お箸を上手に使っているね」「よく噛んで食べてね」「おかわりはここにあるからね」などの言葉がけで落ち着いてゆっくりと食べるようになった。
○トイレは自分で行くが，大便の時に支援が必要だった。そこで，「どこをどう拭くのか」を伝えながら一緒に拭くようにしている。

◇学習活動に関する支援内容・方法
○10までの数は難しい。時計の針の数字はわかっているようである。文字を書くことは難しく，教師が手を添えると書くようにしている。
○初めての活動や突然のことについての抵抗感がある。そのため，「次は○○だよ」「時計が○になったら」「○○したら」「あと○回」などの言葉がけで，活動に見通しをもち，部分的にでも参加できることが増えてきた。
○作ったり，描いたりする活動では，たくさんのものを用意して活動の選択肢を多くしておいたり，大きな紙を用意しておいたりすることで意欲的に取り組んでいる。

◇集団活動に関する支援内容・方法
○話を理解し，やりたい気持ちがあるときには代表などに手を挙げる。安心していないと「いや」と立つときがある。その時は加配の教師がわかりやすく説明をし直すようにした。
○危険なことをしたときに「ダメだよ」「今は○○だよ」と注意すると，泣いて柱等にしがみついて動かなくなることがある。「先生は気持ちをわかっているよ」ということを言葉で伝えつつ，そっとしておくと，落ち着いて泣き止むことが多い。

◇健康・身体障害に関する支援内容・方法
○いきなりの大きな音に対しては，驚いたり怖がったりと不安がある。そのため，「○○って音がするよ」と予告したり，実物を事前に見せたりしておくと，穏やかな表情で活動できた。

◇入学に向けての準備

[4月当初の予測される姿]	[入学前に検討しておく支援・配慮]
新しい教室に慣れないうちは，教室に入らないで廊下で好きな本（アンパンマンなど）を読もうとするかもしれない。年長になって教師が2人に変わったら，夏まで保育室に入らなかった。	アンパンマンの紙芝居のある本コーナーのような本児の落ち着く場所を用意しておくとよい。

*記載例Ⅱ

個別移行支援カルテ【特別支援学校就学版】

　　　　立　　　　　園　　　　　　　　　　　　　　　　（取扱注意・複写厳禁）

幼児氏名	性別：男　・　女	記載日	年　　　月　　　日
在籍園		記載者及び主な支援者	記載者；　　　　　　　　　　印
保護者氏名	印		主な支援者

◇支援の方向性
　身近な人に興味をもてるよう，安心感と信頼感をもてるようなかかわりを大切にしてきた。身辺自立等よりも安定した人間関係を築くことを優先してきた。
　1年生の生活では，周りの人に興味をもったり，遊びなどの自分の好きな活動を見つけたりして，楽しく活動してほしい。

◇支援の基礎的環境　　マンツーマン対応（異食，飛出しなどがあるため）

◇本人の好きなこと・得意なこと（避けたいこと）	◇保護者の思い・家庭との連携に関すること
○歌が好きで，童謡や「おかあさんといっしょ」の歌をよく歌っている。 ○部屋の中での活動より散歩などの屋外の活動を好む。 ○数字やフラッシュカードは得意にしている。	○両親とも働いており，送り迎えや連絡は母親が中心である。協力的であり，園に対しての理解もある。発達についても勉強されている。 ○母親は就学先が決定してから，気持ち的に落ち着いたのか安心なさった様子が見られた。

◇日常生活に関する支援内容・方法
○食べることは好き。「まだだよ」と言葉がけをすることで待つことはできる。ご飯はふりかけをかけると食べる。
○衣服の前後や裏表の区別はつきにくいが自分の服が分かり，「着替えましょう」というと着替えることが分かる。脱いだものをポイっと投げるので教師と一緒にたたむ練習をしている。
○不安定な時などは頻尿になり30分に1回くらい出るときがある。

◇学習活動に関する支援内容・方法
○自由な活動よりも個別課題的な決められたことのほうが好き。平仮名は読める。1～10のマッチングはでき，カードを使ったり，「○個ちょうだい」等の数を使ったやり取りをしたりする。
○その日の活動の流れを写真カードで並べて貼っておくと，自分で動くことができる。
○「やる」「ジャンパー（を着て帰りたい）」「○○さんおはよう」「○○さん抱っこして」などの要求語は生活場面でみられる。

◇集団活動に関する支援内容・方法
○「○○取って」などのことばでの指示を理解し，行動できる。しかし，途中でほかに気が移ってしまうことがある。気が移りかかった時は「今は○○をするんだよ」と声かけを行った。
○自分の思っていたとおりにならないと泣いたり，周囲の子をつねったりすることがある。イライラしそうな様子が見られた時は間髪入れずに教師が共に行動するようにした。

◇健康・身体障害に関する支援内容・方法
○聴覚過敏傾向があり，騒がしい状況が続くと泣きだしてしまう。かけたままのBGMがないかなどを注意する。
○粘土，シール，糊，クレヨンなどを口に持っていくことが多い。教師がマンツーマンで対応してきた。
○乳製品アレルギーがある。

◇入学に向けての準備

［4月当初の予測される姿］	［入学前に検討しておく支援・配慮］
園に来た当初は，目新しいものに気が向き，しばらくの期間は座ることができないかもしれない。	子どもの要求が実現しやすいように，できるだけ同じ教師が対応するようにする（幼稚園での生活はマンツーマン対応であったことも含めて）。

＊記載例Ⅲ

個別移行支援カルテ【特別支援学校就学版】

　　　立　　　　　園　　　　　　　　　　　　　　　　　　　（取扱注意・複写厳禁）

幼児氏名	性別：男　・　女	記載日	年　　　月　　　日
在　籍　園		記載者及び主な支援者	記載者；　　　　　　　　印主な支援者
保護者氏名	印		

◇支援の方向性
　本人の発達や生活リズムに合わせて，ゆったりとした生活を送ってきた。そのなかで，興味・関心の幅を広げたり，いろいろな経験を重ねたりしてきた。
　特別支援学校には本人の発達やリズムに合わせたきめ細やかな指導を期待している。

◇支援の基礎的環境　　マンツーマン対応（クラスの集団活動から離れて個別で対応することは多い）

◇本人の好きなこと・得意なこと(避けたいこと)	◇保護者の思い・家庭との連携に関すること
○音楽や体操が好きで，CDを聞く。（ドレミの歌，おかあさんと一緒など） ○図鑑が好きで，昆虫やたべものなどのキンダーブックなどの幼児用の図鑑をよく見ている。 ○虫が好きで，園庭でアリやダンゴムシを捕まえて遊ぶことを好む。 ○模様や色，柄に興味が出てきたのか指をさして聞く。「チェックだよ」「シマシマだね」と答えると納得する。 ○お寿司の広告が好き。	○両親と祖父母との4人家族。5月に下の子が生まれる予定。 ○協力的であり，園の取組みにも理解もある。 ○冬以降，母親の車や「お迎え」が分かるようになり，母親が来るのを心待ちにしている姿が増えた。

◇日常生活に関する支援内容・方法
　はじめは自分でフォークなどを持って食べるが，飽きてくると投げることがある。皿なども投げることがあるので割れないものを使用していた。いらないときだけでなく，不意に投げることもある。投げたときには「だめだよ」といって一緒に拾う。大人の様子を見てやめるときもある。

◇学習活動に関する支援内容・方法
○座って集中できる時間が短く，いろいろなものに興味をもつ。そのため，加配の教員が今やっていることを個別に話をしたり，褒めたりするようにした。
○使った道具の準備や片付けは教師と一緒であれば，声かけにて続けて行うことができる。

◇集団活動に関する支援内容・方法
○思いどおりにならない，大人の関心を引きたい時などに，泣いてひっくり返ったり，頭突きをしたり，髪の毛を引っ張ったり，叩いたりすることがある。他害に気を付ける。ガラスや机の角など周りに危険な物がないか気を付け，角にはクッションを貼る。近くにいる子を叩きそうな時などには「いかんのやよ」と伝えると，叩くことが少なくなった。
○クラスの子と教師が遊んでいると怒るときがある。個別にかかわる時間を取るとともに，友達を交えてかかわることができる状況を作るようにすることで，友達と遊ぼうとする姿も見えるようになった。

◇健康・身体障害に関する支援内容・方法
○てんかん発作があり，ヘッドギアを装着している。給食後毎日午睡をしている。
○園庭を流れるBGMなどの音量が大きいと，いやがる。
○始歩が3歳と遅く，不安定。階段は危険だった。目を離さないように一緒に歩く。長距離歩くときにはバギーを使用する。ゆっくりであれば20分くらい歩くことができる。自動販売機やコンビニがあると行きたいと主張する。

◇入学に向けての準備

［4月当初の予測される姿］	［入学前に検討しておく支援・配慮］
入学直後の落ち着かない時期と母親の出産が重なるので，不安定になるかもしれない。 　就学前はほぼマンツーマン対応をしてきたので，入学後はやきもちを妬いたり，教師の気を引くためにいろいろなことをしたりするかもしれない。	家庭での生活を含め，新しい生活の流れに乗ることができるように生活リズムを整えるとともに家庭と連携する。 　教科別の指導などで個別にかかわる時間を設けた方がよいかもしれない。

VI

資料編

資料1 【障害者差別解消法(概要)】

障害者基本法第4条　基本原則　差別の禁止
　第1項：障害を理由とする差別等の権利侵害行為の禁止
　　何人も，障害者に対して，障害を理由として，差別することその他の権利利益を侵害する行為をしてはならない。
　第2項：社会的障壁の除去を怠ることによる権利侵害の防止
　　社会的障壁の除去は，それを必要としている障害者が現に存し，かつ，その実施に伴う負担が過重でないときは，それを怠ることによつて前項の規定に違反することとならないよう，その実施について必要かつ合理的な配慮がされなければならない。
　第3項：国による啓発・知識の普及を図るための取組
　　国は，第一項の規定に違反する行為の防止に関する啓発及び知識の普及を図るため，当該行為の防止を図るために必要となる情報の収集，整理及び提供を行うものとする。

具体化
Ⅰ．差別を解消するための措置
　　不当な差別的取扱いの禁止
　　　国・地方公共団体等，事業者→法的義務
　　合理的配慮の提供
　　　国・地方公共団体等→法的義務　事業者→努力義務
　　具体的な対応
　　(1) 政府全体の方針として，差別の解消の推進に関する基本方針を策定（閣議決定）
　　(2) 国・地方公共団体等→当該機関における取組に関する対応要領を策定
　　　　　（※地方の策定は努力義務）
　　　　　事業者→主務大臣が事業分野別の対応指針（ガイドライン）を策定
　　実効性の確保
　　●主務大臣による民間事業者に対する報告徴収，助言，指導，勧告

Ⅱ．差別を解消するための支援措置
　　相談・紛争解決
　　●相談・紛争解決の体制整備→既存の相談・紛争解決の制度の活用，充実
　　地域における連携
　　●障害者差別解消支援地域協議会における関係機関等の連携
　　啓発活動
　　●普及・啓発活動の実施
　　情報収集等
　　●国内外における差別及び差別の解消に向けた取組に関わる情報の収集，整理及び提供

資料2 【学校における合理的配慮の観点：3観点11項目】

(合理的配慮等環境整備検討ワーキンググループ報告)

〈① 教育内容・方法〉
〈①-1 教育内容〉
①-1-1 学習上又は生活上の困難を改善・克服するための配慮
　障害による学習上又は生活上の困難を主体的に改善・克服するため，また，個性や障害の特性に応じて，その持てる力を高めるため，必要な知識，技能，態度，習慣を身に付けられるよう支援する。
①-1-2 学習内容の変更・調整
　認知の特性，身体の動き等に応じて，具体の学習活動の内容や量，評価の方法等を工夫する。障害の状態，発達の段階，年齢等を考慮しつつ，卒業後の生活や進路を見据えた学習内容を考慮するとともに，学習過程において人間関係を広げることや自己選択・自己判断の機会を増やすこと等に留意する。
〈①-2 教育方法〉
①-2-1 情報・コミュニケーション及び教材の配慮
　障害の状態等に応じた情報保障やコミュニケーションの方法について配慮するとともに，教材（ICT及び補助用具を含む）の活用について配慮する。
①-2-2 学習機会や体験の確保
　治療のため学習空白が生じることや障害の状態により経験が不足することに対し，学習機会や体験を確保する方法を工夫する。また，感覚と体験を総合的に活用できる学習活動を通じて概念形成を促進する。さらに，入学試験やその他の試験において配慮する。
①-2-3 心理面・健康面の配慮
　適切な人間関係を構築するため，集団におけるコミュニケーションについて配慮するとともに，他の幼児児童生徒が障害について理解を深めることができるようにする。学習に見通しが持てるようにしたり，周囲の状況を判断できるようにしたりして心理的不安を取り除く。また，健康状態により，学習内容・方法を柔軟に調整し，障害に起因した不安感や孤独感を解消し自己肯定感を高める。
　学習の予定や進め方を分かりやすい方法で知らせておくことや，それを確認できるようにすることで，心理的不安を取り除くとともに，周囲の状況を判断できるようにする。
〈② 支援体制〉
②-1 専門性のある指導体制の整備
　校長がリーダーシップを発揮し，学校全体として専門性のある指導体制を確保することに努める。そのため，個別の教育支援計画や個別の指導計画を作成するなどにより，学校内外の関係者の共通理解を図るとともに，役割分担を行う。また，学習の場面等を考慮した校内の役割分担を行う。
　必要に応じ，適切な人的配置（支援員等）を行うほか，学校内外の教育資源（通級による指導や特別支援学級，特別支援学校のセンター的機能，専門家チーム等による助言等）の活用や医療，保健，福祉，労働等関係機関との連携を行う。
②-2 幼児児童生徒，教職員，保護者，地域の理解啓発を図るための配慮
　障害のある幼児児童生徒に関して，障害によって日常生活や学習場面において様々な困難が生じることについて周囲の幼児児童生徒の理解啓発を図る。共生の理念を涵養するため，障害のある幼児児童生徒の集団参加の方法について，障害のない幼児児童生徒が考え実践する機会や障害のある幼児児童生徒自身が障害について周囲の人に理解を広げる方法等を考え実践する機会を設定する。また，保護者，地域に対しても理解啓発を図るための活動を行う。
②-3 災害時等の支援体制の整備
　災害時等の対応について，障害のある幼児児童生徒の状態を考慮し，危機の予測，避難方法，災害時の人的体制等，災害時体制マニュアルを整備する。また，災害時等における対応が十分にできるよう，避難訓練等の取組に当たっては，一人一人の障害の状態等を考慮する。

〈③ 施設・設備〉
　③-1 校内環境のバリアフリー化
　障害のある幼児児童生徒が安全かつ円滑に学校生活を送ることができるよう，障害の状態等に応じた環境にするために，スロープや手すり，便所，出入口，エレベーター等について施設の整備を計画する際に配慮する。また，既存の学校施設のバリアフリー化についても，障害のある幼児児童生徒の在籍状況等を踏まえ，学校施設に関する合理的な整備計画を策定し，計画的にバリアフリー化を推進できるよう配慮する。
　③-2 発達，障害の状態及び特性等に応じた指導ができる施設・設備の配慮
　幼児児童生徒一人一人が障害の状態等に応じ，十分に学習に取り組めるよう，必要に応じて様々な教育機器等の導入や施設の整備を行う。また，一人一人の障害の状態，障害の特性，認知特性，体の動き，感覚等に応じて，その持てる能力を最大限活用して自主的，自発的に学習や生活ができるよう，各教室等の施設・設備について，分かりやすさ等に配慮を行うとともに，日照，室温，音の影響等に配慮する。さらに，心のケアを必要とする幼児児童生徒への配慮を行う。
　③-3 災害時等への対応に必要な施設・設備の配慮
　災害時等への対応のため，障害の状態等に応じた施設・設備を整備する。

資料3　【学校における基礎的環境整備の観点：8観点】
(合理的配慮等環境整備検討ワーキンググループ報告)

① ネットワークの形成・連続性のある多様な学びの場の活用
② 専門性のある指導体制の確保
③ 個別の教育支援計画や個別の指導計画の作成等による指導
④ 教材の確保
⑤ 施設・設備の整備
⑥ 専門性のある教員，支援員等の人的配置
⑦ 個に応じた指導や学びの場の設定等による特別な指導
⑧ 交流及び共同学習の推進

資料4 【障害者権利条約第24条】

1 締約国は、教育についての障害者の権利を認める。締約国は、この権利を差別なしに、かつ、機会の均等を基礎として実現するため、次のことを目的とするあらゆる段階における障害者を包容する教育制度及び生涯学習を確保する。
   (a) 人間の潜在能力並びに尊厳及び自己の価値についての意識を十分に発達させ、並びに人権、基本的自由及び人間の多様性の尊重を強化すること。
   (b) 障害者が、その人格、才能及び創造力並びに精神的及び身体的な能力をその可能な最大限度まで発達させること。
   (c) 障害者が自由な社会に効果的に参加することを可能とすること。

2 締約国は、1の権利の実現に当たり、次のことを確保する。
   (a) 障害者が障害を理由として教育制度一般から排除されないこと及び障害のある児童が障害を理由として無償のかつ義務的な初等教育から又は中等教育から排除されないこと。
   (b) 障害者が、他の者と平等に、自己の生活する地域社会において、包容され、質が高く、かつ、無償の初等教育の機会及び中等教育の機会を与えられること。
   (c) 個人に必要とされる合理的配慮が提供されること。
   (d) 障害者が、その効果的な教育を容易にするために必要な支援を教育制度一般の下で受けること。
   (e) 学問的及び社会的な発達を最大にする環境において、完全な包容という目標に合致する効果的で個別化された支援措置がとられることを確保すること。

3 締約国は、障害者が地域社会の構成員として教育に完全かつ平等に参加することを容易にするため、障害者が生活する上での技能及び社会的な発達のための技能を習得することを可能とする。このため、締約国は、次のことを含む適当な措置をとる。
   (a) 点字、代替的な文字、意思疎通の補助的及び代替的な形態、手段及び様式並びに適応及び移動のための技能の習得並びに障害者相互による支援及び助言を容易にすること。
   (b) 手話の習得及び聴覚障害者の社会の言語的な同一性の促進を容易にすること。
   (c) 視覚障害若しくは聴覚障害又はこれらの重複障害のある者（特に児童）の教育が、その個人にとって最も適当な言語並びに意思疎通の形態及び手段で、かつ、学問的及び社会的な発達を最大にする環境において行われることを確保すること。

4 締約国は、1の権利の実現の確保を助長することを目的として、手話又は点字について能力を有する教員（障害のある教員を含む。）を雇用し、並びに教育のすべての段階に従事する専門家及び職員に対する研修を行うための適当な措置をとる。この研修には、障害についての意識の向上を組み入れ、また、適当な意思疎通の補助的及び代替的な形態、手段及び様式の使用並びに障害者を支援するための教育技法及び教材の使用を組み入れるものとする。

5 締約国は、障害者が、差別なしに、かつ、他の者と平等に高等教育一般、職業訓練、成人教育及び生涯学習の機会を与えられることを確保する。このため、締約国は、合理的配慮が障害者に提供されることを確保する。

資料5　【特別支援教育】（特別支援教育の推進について（通知）平成19年4月1日付（抜粋））

1．特別支援教育の理念

　特別支援教育は，障害のある幼児児童生徒の自立や社会参加に向けた主体的な取組を支援するという視点に立ち，幼児児童生徒一人一人の教育的ニーズを把握し，その持てる力を高め，生活や学習上の困難を改善又は克服するため，適切な指導及び必要な支援を行うものである。

　また，特別支援教育は，これまでの特殊教育の対象の障害だけでなく，知的な遅れのない発達障害も含めて，特別な支援を必要とする幼児児童生徒が在籍する全ての学校において実施されるものである。

　さらに，特別支援教育は，障害のある幼児児童生徒への教育にとどまらず，障害の有無やその他の個々の違いを認識しつつ様々な人々が生き生きと活躍できる共生社会の形成の基礎となるものであり，我が国の現在及び将来の社会にとって重要な意味を持っている。

2．校長の責務

　校長（園長を含む。以下同じ。）は，特別支援教育実施の責任者として，自らが特別支援教育や障害に関する認識を深めるとともに，リーダーシップを発揮しつつ，次に述べる体制の整備等を行い，組織として十分に機能するよう教職員を指導することが重要である。

　また，校長は，特別支援教育に関する学校経営が特別な支援を必要とする幼児児童生徒の将来に大きな影響を及ぼすことを深く自覚し，常に認識を新たにして取り組んでいくことが重要である。

6．保護者からの相談への対応や早期からの連携

　各学校及び全ての教員は，保護者からの障害に関する相談などに真摯に対応し，その意見や事情を十分に聴いた上で，当該幼児児童生徒への対応を行うこと。

　その際，プライバシーに配慮しつつ，必要に応じて校長や特別支援教育コーディネーター等と連携し，組織的な対応を行うこと。

　また，本日施行される「学校教育法等の一部を改正する法律の施行に伴う関係政令の整備等に関する政令（平成19年政令第55号）」において，障害のある児童の就学先の決定に際して保護者の意見聴取を義務付けたこと（学校教育法施行令第18条の2）に鑑み，小学校及び特別支援学校において障害のある児童が入学する際には，早期に保護者と連携し，日常生活の状況や留意事項等を聴取し，当該児童の教育的ニーズの把握に努め，適切に対応すること。

7．教育活動等を行う際の留意事項等
　(1)　障害種別と指導上の留意事項

　障害のある幼児児童生徒への支援に当たっては，障害種別の判断も重要であるが，当該幼児児童生徒が示す困難に，より重点を置いた対応を心がけること。また，医師等による障害の診断がなされている場合でも，教師はその障害の特徴や対応を固定的にとらえることのないよう

注意するとともに，その幼児児童生徒のニーズに合わせた指導や支援を検討すること。
　(2)　学習上・生活上の配慮及び試験などの評価上の配慮
　各学校は，障害のある幼児児童生徒が，円滑に学習や学校生活を行うことができるよう，必要な配慮を行うこと。また，入学試験やその他試験などの評価を実施する際にも，別室実施，出題方法の工夫，時間の延長，人的な補助など可能な限り配慮を行うこと。
　(3)　生徒指導上の留意事項
　障害のある幼児児童生徒は，その障害の特性による学習上・生活上の困難を有しているため，周囲の理解と支援が重要であり，生徒指導上も十分な配慮が必要であること。特に，いじめや不登校などの生徒指導上の諸問題に対しては，表面に現れた現象のみにとらわれず，その背景に障害が関係している可能性があるか否かなど，幼児児童生徒をめぐる状況に十分留意しつつ慎重に対応する必要があること。そのため，生徒指導担当にあっては，障害についての知識を深めるとともに，特別支援教育コーディネーターをはじめ，養護教諭，スクールカウンセラー等と連携し，当該幼児児童生徒への支援に係る適切な判断や必要な支援を行うことができる体制を平素整えておくことが重要であること。
　(4)　交流及び共同学習，障害者理解等
　障害のある幼児児童生徒と障害のない幼児児童生徒との交流及び共同学習は，障害のある幼児児童生徒の社会性や豊かな人間性を育む上で重要な役割を担っており，また，障害のない幼児児童生徒が，障害のある幼児児童生徒とその教育に対する正しい理解と認識を深めるための機会である。このため，各学校においては，双方の幼児児童生徒の教育的ニーズに対応した内容・方法を十分検討し，早期から組織的，計画的，継続的に実施することなど，一層の効果的な実施に向けた取組を推進されたいこと。なお，障害のある同級生などの理解についての指導を行う際は，幼児児童生徒の発達段階や，障害のある幼児児童生徒のプライバシー等に十分配慮する必要があること。
　(5)　進路指導の充実と就労の支援
　障害のある生徒が，将来の進路を主体的に選択することができるよう，生徒の実態や進路希望等を的確に把握し，早い段階からの進路指導の充実を図ること。また，企業等への就職は，職業的な自立を図る上で有効であることから，労働関係機関等との連携を密にした就労支援を進められたいこと。
　(6)　支援員等の活用
　障害のある幼児児童生徒の学習上・生活上の支援を行うため，教育委員会の事業等により特別支援教育に関する支援員等の活用が広がっている。この支援員等の活用に当たっては，校内における活用の方針について十分検討し共通理解のもとに進めるとともに，支援員等が必要な知識なしに幼児児童生徒の支援に当たることのないよう，事前の研修等に配慮すること。
　(7)　学校間の連絡
　障害のある幼児児童生徒の入学時や卒業時に学校間で連絡会を持つなどして，継続的な支援が実施できるようにすることが望ましいこと。

資料6　【教育支援】（学校教育法施行令の一部改正について（通知）平成25年９月１日付）

第１　改正の趣旨

　今回の学校教育法施行令の改正は，平成24年７月に公表された中央教育審議会初等中等教育分科会報告「共生社会の形成に向けたインクルーシブ教育システム構築のための特別支援教育の推進」（以下「報告」という。）において，「就学基準に該当する障害のある子どもは特別支援学校に原則就学するという従来の就学先決定の仕組みを改め，障害の状態，本人の教育的ニーズ，本人・保護者の意見，教育学，医学，心理学等専門的見地からの意見，学校や地域の状況等を踏まえた総合的な観点から就学先を決定する仕組みとすることが適当である。」との提言がなされたこと等を踏まえ，所要の改正を行うものであること。

　なお，報告においては，「その際，市町村教育委員会が，本人・保護者に対し十分情報提供をしつつ，本人・保護者の意見を最大限尊重し，本人・保護者と市町村教育委員会，学校等が教育的ニーズと必要な支援について合意形成を行うことを原則とし，最終的には市町村教育委員会が決定することが適当である。」との指摘がなされており，この点は，改正令における基本的な前提として位置付けられるものであること。

第２　改正の内容

　視覚障害者等（視覚障害者，聴覚障害者，知的障害者，肢体不自由者又は病弱者（身体虚弱者を含む。）で，その障害が，学校教育法施行令第22条の３の表に規定する程度のものをいう。以下同じ。）の就学に関する手続について，以下の規定の整備を行うこと。

　１　就学先を決定する仕組みの改正（第５条及び第11条関係）

　市町村の教育委員会は，就学予定者のうち，認定特別支援学校就学者（視覚障害者等のうち，当該市町村の教育委員会が，その者の障害の状態，その者の教育上必要な支援の内容，地域における教育の体制の整備の状況その他の事情を勘案して，その住所の存する都道府県の設置する特別支援学校に就学させることが適当であると認める者をいう。以下同じ。）以外の者について，その保護者に対し，翌学年の初めから２月前までに，小学校又は中学校の入学期日を通知しなければならないとすること。

　また，市町村の教育委員会は，就学予定者のうち認定特別支援学校就学者について，都道府県の教育委員会に対し，翌学年の初めから３月前までに，その氏名及び特別支援学校に就学させるべき旨を通知しなければならないとすること。

　２　障害の状態等の変化を踏まえた転学（第６条の３及び第12条の２関係）

　特別支援学校・小中学校間の転学について，その者の障害の状態の変化のみならず，その者の教育上必要な支援の内容，地域における教育の体制の整備の状況その他の事情の変化によっても転学の検討を開始できるよう，規定の整備を行うこと。

　３　視覚障害者等による区域外就学等（第９条，第10条，第17条及び第18条関係）

　視覚障害者等である児童生徒等をその住所の存する市町村の設置する小中学校以外の小学校，中学校又は中等教育学校に就学させようとする場合等の規定を整備すること。

　また，視覚障害者等である児童生徒等をその住所の存する都道府県の設置する特別支援学校以外の特別支援学校に就学させようとする場合等の規定を整備すること。

　４　保護者及び専門家からの意見聴取の機会の拡大（第18条の２関係）

　市町村の教育委員会は，児童生徒等のうち視覚障害者等について，小学校，中学校又は特別支援学校への就学又は転学に係る通知をしようとするときは，その保護者及び教育学，医学，心理学その他の障害のある児童生徒等の就学に関する専門的知識を有する者の意見を聴くものとすること。

　５　施行期日（附則関係）

　改正令は，平成25年９月１日から施行すること。

第３　留意事項

　１　平成23年７月に改正された障害者基本法第16条においては，障害者の教育に関する以下の規定が置かれているところであり，障害のある児童生徒等の就学に関する手続については，これらの規定を踏まえて対応する必

要があること。特に，改正後の学校教育法施行令第18条の2に基づく意見の聴取は，市町村の教育委員会において，当該視覚障害者等が認定特別支援学校就学者に当たるかどうかを判断する前に十分な時間的余裕をもって行うものとし，保護者の意見については，可能な限りその意向を尊重しなければならないこと。

【参考：障害者基本法（抄）】

（教育）

第16条　国及び地方公共団体は，障害者が，その年齢及び能力に応じ，かつ，その特性を踏まえた十分な教育が受けられるようにするため，可能な限り障害者である児童及び生徒が障害者でない児童及び生徒と共に教育を受けられるよう配慮しつつ，教育の内容及び方法の改善及び充実を図る等必要な施策を講じなければならない。

2　国及び地方公共団体は，前項の目的を達成するため，障害者である児童及び生徒並びにその保護者に対し十分な情報の提供を行うとともに，可能な限りその意向を尊重しなければならない。

3　国及び地方公共団体は，障害者である児童及び生徒と障害者でない児童及び生徒との交流及び共同学習を積極的に進めることによって，その相互理解を促進しなければならない。

4　国及び地方公共団体は，障害者の教育に関し，調査及び研究並びに人材の確保及び資質の向上，適切な教材等の提供，学校施設の整備その他の環境の整備を促進しなければならない。

5　以上のほか，障害のある児童生徒等の就学に関する手続に関しては，報告において，「現在，多くの市町村教育委員会に設置されている「就学指導委員会」については，早期からの教育相談・支援や就学先決定時のみならず，その後の一貫した支援についても助言を行うという観点から，「教育支援委員会」（仮称）といった名称とすることが適当である。」との提言がなされており，この点についても留意する必要があること。

資料7-1 【障害の程度と教育の場：特別支援学校】（学校教育法施行令第22条の3）

区　分	障害の程度
視覚障害者	両眼の視力がおおむね〇・三未満のもの又は視力以外の視機能障害が高度のもののうち，拡大鏡等の使用によっても通常の文字，図形等の視覚による認識が不可能又は著しく困難な程度のもの
聴覚障害者	両耳の聴力レベルがおおむね六〇デシベル以上のもののうち，補聴器等の使用によっても通常の話声を解することが不可能又は著しく困難な程度のもの
知的障害者	1　知的発達の遅滞があり，他人との意思疎通が困難で日常生活を営むのに頻繁に援助を必要とする程度のもの 2　知的発達の遅滞の程度が前号に掲げる程度に達しないもののうち，社会生活への適応が著しく困難なもの
肢体不自由者	1　肢体不自由の状態が補装具の使用によっても歩行，筆記等日常生活における基本的な動作が不可能又は困難な程度のもの 2　肢体不自由の状態が前号に掲げる程度に達しないもののうち，常時の医学的観察指導を必要とする程度のもの
病弱者	1　慢性の呼吸器疾患，腎臓疾患及び神経疾患，悪性新生物その他の疾患の状態が継続して医療又は生活規制を必要とする程度のもの 2　身体虚弱の状態が継続して生活規制を必要とする程度のもの

備考
1　視力の測定は，万国式試視力表によるものとし，屈折異常があるものについては，矯正視力によつて測定する。
2　聴力の測定は，日本工業規格によるオージオメータによる。

資料7-2 【障害の程度と教育の場：特別支援学級】（25文科初第756号初等中等教育局長通知）

区　分	障害の程度
知的障害者	知的発達の遅滞があり，他人との意思疎通に軽度の困難があり日常生活を営むのに一部援助が必要で，社会生活への適応が困難である程度のもの
肢体不自由者	補装具によっても歩行や筆記等日常生活における基本的な動作に軽度の困難がある程度のもの
病弱者及び身体虚弱者	1　慢性の呼吸器疾患その他疾患の状態が持続的又は間欠的に医療又は生活の管理を必要とする程度のもの 2　身体虚弱の状態が持続的に生活の管理を必要とする程度のもの
弱視者	拡大鏡等の使用によっても通常の文字，図形等の視覚による認識が困難な程度のもの
難聴者	補聴器等の使用によっても通常の話声を解することが困難な程度のもの
言語障害者	口蓋裂，構音器官のまひ等器質的又は機能的な構音障害のある者，吃音等話し言葉におけるリズムの障害のある者，話す，聞く等言語機能の基礎的事項に発達の遅れがある者，その他これに準じる者（これらの障害が主として他の障害に起因するものではない者に限る。）で，その程度が著しいもの
自閉症・情緒障害者	1　自閉症又はそれに類するもので，他人との意思疎通及び対人関係の形成が困難である程度のもの 2　主として心理的な要因による選択性かん黙等があるもので，社会生活への適応が困難である程度のもの

資料7-3 【障害の程度と教育の場：通級による指導】（25文科初第756号初等中等教育局長通知）

区　分	障害の程度
言語障害者	口蓋裂，構音器官のまひ等器質的又は機能的な構音障害のある者，吃音等話し言葉におけるリズムの障害のある者，話す，聞く等言語機能の基礎的事項に発達の遅れがある者，その他これに準じる者（これらの障害が主として他の障害に起因するものではない者に限る。）で，通常の学級での学習におおむね参加でき，一部特別な指導を必要とする程度のもの
自閉症者	自閉症又はそれに類するもので，通常の学級での学習におおむね参加でき，一部特別な指導を必要とする程度のもの
情緒障害者	主として心理的な要因による選択性かん黙等があるもので，通常の学級での学習におおむね参加でき，一部特別な指導を必要とする程度のもの
弱視者	拡大鏡等の使用によっても通常の文字，図形等の視覚による認識が困難な程度の者で，通常の学級での学習におおむね参加でき，一部特別な指導を必要とするもの
難聴者	補聴器等の使用によっても通常の話声を解することが困難な程度の者で，通常の学級での学習におおむね参加でき，一部特別な指導を必要とするもの
学習障害者	全般的な知的発達に遅れはないが，聞く，話す，読む，書く，計算する又は推論する能力のうち特定のものの習得と使用に著しい困難を示すもので，一部特別な指導を必要とする程度のもの
注意欠陥多動性障害者	年齢又は発達に不釣り合いな注意力，又は衝動性・多動性が認められ，社会的な活動や学業の機能に支障をきたすもので，一部特別な指導を必要とする程度のもの
肢体不自由者，病弱者及び身体虚弱者	肢体不自由，病弱又は身体虚弱の程度が，通常の学級での学習におおむね参加でき，一部特別な指導を必要とする程度のもの

資料8 【大学入学者選抜における障害のある受験生への対応】

(平成29年度大学入学者選抜実施要項（抜粋）)

第13 その他注意事項

1 健康状況の把握及び障害のある者等への配慮

(1) 入学志願者の健康状況については，原則としては入学者選抜の判定資料としないものとし，大学において健康状況の把握を必要とする特別の事由がある場合には，募集要項に具体的に記載する。この場合であっても，健康の状況を理由として不合格の判定を行うことについては，疾病などにより志望学部等の教育の目的に即した履修に耐えないことが，入学後の保健指導等を考慮してもなお明白な場合に限定し，真に教育上やむを得ない場合のほかは，これらの制限を廃止あるいは大幅に緩和する方向で見直す。

(2) 障害等のある入学志願者に対しては，「障害者基本法」（昭和45年法律第84号）や「障害を理由とする差別の解消の推進に関する法律」（平成25年法律第65号）の趣旨に十分留意しつつ，その能力・適性，学習の成果等を適切に評価するために必要な合理的配慮を行い，障害のない学生と公平に試験を受けられるように配慮する。

その際，平成25年9月に閣議決定された「第3次障害者基本計画」，「障がいのある学生の修学支援に関する検討会報告（第一次まとめ）について」（平成24年12月25日付け24文科高第783号文部科学省高等教育局長通知）や以下の例示を参考にするとともに，「障害者等に係る欠格事由の適正化等を図るための医師法等の一部を改正する法律の施行について」（平成13年12月27日付け13国文科高第11号文部科学省高等教育局長通知）にも十分留意する。

① 点字・拡大文字による出題，拡大解答用紙の作成など
② 特定試験場の設定，試験会場への乗用車での入構，座席指定の工夫など
③ 試験時間の延長，文書による注意事項の伝達，試験室入り口までの付添者の同伴，介助者の配置など

また，「就学の機会均等確保の観点からの入学者選抜の在り方の点検等について」（平成28年3月31日付け27文科初第1796号文部科学省生涯学習政策局長・文部科学省初等中等教育局長・文部科学省高等教育局長通知）を踏まえ，各大学において，入学者選抜の在り方の点検等を行うなど適切に対応する。

(3) 各大学は，障害等のある入学志願者に対し，入学者受入れの方針（アドミッション・ポリシー），募集人員，出願要件，出願手続，試験期日，試験方法，試験場，入学検定料その他入学に要する経費の種類・額やその納入手続・期限など出願等に必要な事項の伝達においても合理的配慮を行うものとする。

また，入試における配慮の内容や受入れ実績をホームページ等に掲載するなど，情報アクセシビリティに配慮しつつ広く情報を公開するとともに，事前相談の時期や方法について十分配慮しつつ事前相談体制の構築・充実に努める。

資料9 【各教育委員会作成の移行シート】

- あきる野市教育委員会（2006）：就学支援シート．
- 福岡県教育委員会義務教育課（2013）：ふくおか就学サポートノート．
- 福岡県立筑後特別支援学校（2016）：引継ぎシート A．
- 八王子市教育委員会（2013）：つたえる気持ちつながる育ち―就学支援シート利用マニュアル（保育士・教員向け）―．
- 東大阪市自立支援協議会（2014）：就学サポートシート．
- 北海道教育委員会（2016）：すくらむ子ども理解シート（就学前），引継ぎシート．
- 鹿児島県教育委員会（2009）：移行支援シート作成の手引．
- 加東市教育委員会（2013）：加東市サポートファイル教師用手引き．
- 熊本市教育委員会：（2016）：移行支援シート（幼→小），就学支援シート．
- 京丹後市丹後圏域障害者自立支援協議会（2014）：支援ファイル「にじいろノート」．
- 京都府発達障害者支援体制整備検討委員会（2013）：移行支援シート．
- 京都市教育委員会（2016）：就学支援シート．
- 高知県教育委員会（2013）：発達障害等のある幼児児童生徒の支援をつなぐ就学時引継ぎシート（例），支援引継ぎシート（例）．
- 青梅市教育委員会（2016）：就学支援シート．
- 東京都教育委員会（2016）：就学支援シート．

あとがき

　本書は岐阜大学教職大学院に提出された開発実践報告による研究成果を中心にして構成したものです。教職大学院は学校現場の実践や開発に即戦力として貢献するより高度な教育専門職の養成を目的に展開する専門職大学院です。そのため，従来の修士課程とは異なり，修士論文の提出は必修とされていません。されど，岐阜大学教職大学院では，学修目的を「学校や地域の教育課題を解決する力量を養うこと」とし，学修過程を「大学院における講義や演習を通じて，課題を相対化し，解決のためのプランを計画し，学校における実習や実践を通じて，新たな実践を開発する」ように体系化しています。そうした新たに開発した実践をまとめたものが開発実践報告です。

　そして，この開発実践報告の作成過程は，岐阜大学教職大学院と岐阜県教育委員会の密接な連携のもとに，学校現場に常に軸足をおいたフィールドワークであることが必須となっています。そうした背景もあり，本書も概論は岐阜大学教職大学院の教員，そして，岐阜県教育委員会での教育行政の経験のある学校長にて執筆しました。そして，詳論は岐阜県教育委員会から岐阜大学教職大学院に派遣された教員と，フィールド校のひとつである岐阜大学教育学部附属中学校の前特別支援学級主任にて執筆しました。

　しかしながら，『特別な支援を必要とする幼児児童生徒が在籍する全ての学校』で活用できる"個別移行支援カルテ"の研究は，『編著者序』でも記しましたように，その必要性が認められながらも教育現場では着手に至ることのできない難題へのチャレンジでもありました。そのような中，岐阜県教育界の重鎮であり，岐阜大学教職大学院でも教鞭を執られた小山　徹岐阜大学教職課程支援部門特任教授（前岐阜大学教職大学院教授，元岐阜県教育委員会教育次長），伊藤正夫岐阜県山県市教育長（前岐阜大学教職大学院特任教授，元岐阜県中学校長会会長）には，本書に至る研究構想段階からご助言・お力添えをいただきました。そして，私が学部生の頃より長きにわたって研究者として進むべき道を示していただいた一門惠子九州ルーテル学院大学教授には，孫弟子に当たる岐阜大学教職大学院の院生へも幾度となく直接のご指導をいただきました。本書の完成はこの先生方にいただいた助勢があってのことでした。この場を借り，心から深謝申し上げます。

　そして，今回も明治図書出版編集部及川　誠さんに企画の緊急性をご理解いただき，出版と相成りました。お礼を申し上げます。

　平成29年花見月

坂本　裕

執筆者一覧

【執筆者紹介】（所属・職名は2017年3月現在）

坂本　　裕	後出		Ⅰ，Ⅲ・2，Ⅳ・2
堀内　教子	岐阜県海津市立今尾小学校長　修士（教育学）		Ⅱ・1
鈴木　祥隆	岐阜大学教育学部助教　修士（障害科学）		Ⅱ・2
伊藤　智子	岐阜県海津市教育委員会課長補佐　教職修士（専門職）		Ⅱ・3・4
長尾　芳弘	岐阜県関市立旭ヶ丘中学校長		Ⅲ・1
福田　大治	岐阜県各務原市立川島小学校教諭　修士（教育学）		Ⅲ・3
三尾　寛次	岐阜県立関高等学校長		Ⅳ・1
石原　　隆	岐阜県美濃市立昭和中学校教諭　教職修士（専門職）		Ⅳ・3・4
出口　和宏	岐阜県立羽島特別支援学校長　修士（教育学）		Ⅴ・1
松本　深香	岐阜県立岐阜本巣特別支援学校教諭		Ⅴ・2・3

【イラスト】

和泉　舞子　岐阜大学教育学部特別支援学校教員養成課程学生

【編著者紹介】

坂本　裕（さかもと　ゆたか）
岐阜大学大学院教育学研究科准教授　博士（文学）
臨床心理士　ガイダンスカウンセラー　上級教育カウンセラー

【主な著作・論文】
編集代表「特別支援教育を学ぶ（第3版）」ナカニシヤ出版，2016年。
編著「新訂　特別支援学級はじめの一歩」明治図書出版，2015年。
「遅れのある子どもの身辺処理支援ブック」明治図書出版，2014年。
「特別支援学校教員のストレッサー尺度の作成と妥当性・信頼性の検討」発達障害支援システム研究，第14巻2号，2015年。
「高等学校入学者選択における障害のある受検生への合理的配慮に関する情報公開についての研究」発達障害研究，第36巻2号，2014年。
「特別支援学校管理職専門性（コンセプチュアル）尺度の作成と妥当性・信頼性の検討」発達障害研究，第35巻4号，2013年。
「特別支援学校教員の専門性におけるコンセプチュアル・スキルへの関与要因についての探索的研究」発達障害研究，第35巻2号，2013年。
「特別支援学校教員のバーンアウトへの関与要因についての探索的研究」特殊教育学研究，第51巻3号，2013年。

合理的配慮をつなぐ個別移行支援カルテ

2017年4月初版第1刷刊	ⓒ編著者　坂　本　　　裕
2020年3月初版第2刷刊	発行者　藤　原　光　政

発行所　明治図書出版株式会社
　　　　http://www.meijitosho.co.jp
（企画）及川　誠（校正）及川　誠・西浦実夏
〒114-0023　東京都北区滝野川7-46-1
振替00160-5-151318　電話03(5907)6703
　　　　　　ご注文窓口　電話03(5907)6668

＊検印省略　　　　　組版所　株式会社明昌堂

本書の無断コピーは、著作権・出版権にふれます。ご注意ください。

Printed in Japan　　　　　　　　ISBN978-4-18-159117-5
もれなくクーポンがもらえる！読者アンケートはこちらから →